Von Andy Baggott (mit Sally Morningstar) ist außerdem erschienen:
Kristalle, Farben und Chakren

Über den Autor:

Andy Baggott ist Alternativmediziner, freiberuflicher Autor und Schamane der keltischen und vorkeltischen Tradition. Er studierte mit Lehrern vieler alter Traditionen einschließlich der chinesischen, indianischen, der südamerikanischen und der keltischen. Er leitet Workshops und keltische Schwitzhütten und bietet Kurse in Alternativmedizin in seinem Heilzentrum in Somerset, England, an, das er mit seiner Partnerin Debbie leitet.

Andy Baggott

Die Weisheit der Kelten

Aus dem Englischen von Allessa Olvedy

Die englische Originalausgabe erschien 1999 unter dem Titel
»Celtic Wisdom«
bei Piatkus, London

Besuchen Sie uns im Internet:
www.knaur.de

Deutsche Erstausgabe 2002
Copyright © 1999 Andy Baggott
Copyright © 2002 der deutschsprachigen Ausgabe
Droemersche Verlagsanstalt Th. Knaur Nachf., München
Alle Rechte vorbehalten. Das Werk darf – auch teilweise – nur mit
Genehmigung des Verlages wiedergegeben werden.
Redaktion: Regina Konrad
Umschlaggestaltung: ZERO Werbeagentur, München
Umschlagabbildung: aus dem Buch von Barry Cunliffe
»Die Kelten und ihre Geschichte« / Lübbe Verlag
DTP und Satz: Buch & Grafik Design,
Günther Herdin GmbH, München
Druck und Bindung: Norhaven A/S
Printed in Denmark
ISBN 3-426-87019-3

2 4 5 3 1

Dieses Buch ist meiner Partnerin Debbie gewidmet.

Inhalt

Danksagung 7

Einführung 9

1 Die Weisheit der Bäume 15
2 Die Weisheit der Tiere 35
3 Die Weisheit der Kräuter 53
4 Die Weisheit der Steine 69
5 Die Weisheit der Zeremonien und Rituale 86
6 Die Weisheit der Zahlen 101
7 Die Weisheit der Symbole 110
8 Die Weisheit der vier Elemente 116
9 Weise Männer und Frauen der
  keltischen Tradition 131
10 Keltische Weisheit für das neue Jahrtausend ... 141
11 Keltische Charaktere aus Mythen und Legenden 146

Anhang
1. Tabelle der Entsprechungen zum
   Ogham-Alphabet 156
2. Tabelle der Entsprechungen zu den
   vier Elementen 157

Danksagung

Ich möchte meiner Familie für ihre Unterstützung und Ermutigung danken. Vielen Dank an Eli fürs Holzholen und Feuerhüten. Vielen Dank auch an Lena, die meiner Tochter Lara und mir sehr geholfen hat. Dank an all jene, die mit mir in die heilige Schwitzhütte gegangen sind, und an alle, die ich auf meinem bisherigen Weg getroffen habe; ihr alle habt mir viel beigebracht. Vielen Dank auch an Peter Stanton für seine Informationen über die vier Elemente; an Sally Morningstar, die ihre neuen Erkenntnisse über die Energie der Vögel mit mir teilte; an meine Partnerin Debbie für das Korrekturlesen; an meine Tochter Tasha für Tee und Toast; an meine Eltern Michael und Jean, die immer für mich da sind; an Pete und Jaz, die mich ihre Bibliothek und ihren Kräutergarten benutzen ließen, und an alle meine Freunde für ihre Liebe und Unterstützung.

Einführung

Man geht davon aus, dass die Kelten etwa seit dem zweiten Jahrtausend vor unserer Zeitrechnung in dem Gebiet lebten, welches das heutige Frankreich und Süddeutschland umfasst. Ihre Kultur breitete sich immer weiter aus und erstreckte sich schließlich über Zentraleuropa, England, Irland, den Balkan und die Karpaten. Die neuesten archäologischen Funde bezeugen sogar Spuren bis zu den Grenzen Chinas. Obwohl die Kelten im Jahr zweiundfünfzig vor unserer Zeitrechnung von den Römern besiegt wurden, konnte die keltische Kultur überleben und erfährt heutzutage eine enorme Wiederbelebung.
Die meisten modernen Menschen wissen um den weit reichenden künstlerischen Einfluss der keltischen Kultur, aber nur wenige sind sich des großartigen spirituellen Erbes bewusst, das uns die Kelten hinterlassen haben. Sie waren eine der letzten europäischen Kulturen, die ein erdbezogenes Glaubenssystem hatten. Das bedeutet, dass sie die Schöpfung in allen Erscheinungsformen verehrten, sei es ein Baum, eine Pflanze, ein Stein oder ein Sonnenuntergang. Dieses Buch beschäftigt sich mit den Hauptaspekten der keltischen Spiritualität und der daraus resultierenden Weisheit. Jeder Mensch, der nach Weisheit strebt, kann davon profitieren, die keltische Kultur zu studieren. Wahre Weisheit ist unabhängig von jeglicher Doktrin oder religiösen Überzeugung. Weisheit ist eine Kraft, die Wissen zum Wohl aller Wesen einsetzt. Es gibt eine alte Redewendung: »Um glücklich und zufrieden zu sein

und um tun zu können, was man will, ohne dabei jemandem Schaden zuzufügen, braucht man Weisheit.«

Da Weisheit nichts mit religiöser Anschauung zu tun hat, lässt sich das in diesem Buch vermittelte Wissen mit jeder Glaubensrichtung, welche die Schöpfung ehrt und respektiert, vereinbaren. Jeder Mensch, der dieses Buch liest, kann neue Einsichten für sein Leben gewinnen. Er kann erfahren, wie die Verbindung mit der Schöpfung zu größerem innerem Gleichgewicht und dadurch zu besserer Gesundheit von Körper, Geist und Seele führt. Ohne das persönliche Erleben der keltischen Spiritualität bleibt sie lediglich theoretisches Wissen. Weisheit resultiert aus der praktischen Anwendung dieses Wissens im täglichen Leben. In diesem Buch finden Sie einfache und klare Anweisungen, wie Sie die keltische Weisheit umsetzen können. Am Ende dieses Buches werden Sie einen Überblick gewonnen haben, woran die Kelten glaubten und wie sie mit ihrer Umwelt kommunizierten. Die keltische Lebensweise offenbart einfache Wahrheiten, die heutzutage genauso anwendbar sind wie damals.

In gewisser Weise folge ich dem keltischen Weg seit meiner Kindheit. Ich habe diesen Pfad im Laufe meines Lebens oft nicht erkannt, aber wenn ich jetzt zurückblicke, sehe ich, wie viele Erfahrungen und Lektionen mich in die Richtung eines keltischen Schamanen oder Heilers gelenkt haben. Ich arbeite bereits seit vielen Jahren als Heiler und behandle körperliche, seelische sowie auch geistige Leiden. Ich lebe, soweit es mir in dieser modernen Welt möglich ist, in Harmonie mit meiner Umwelt, und das hat mich dazu befähigt, viele Zusammenhänge zu erkennen und die Weisheit zu entdecken, die in den Mythen,

Sagen und Legenden der keltischen Länder verborgen ist. Ich bin ein Kelte und arbeite nach keltischer Tradition. Ich habe auch viel von orientalischen und indianischen Lehrern gelernt und deren Wissen in meine keltische Spiritualität mit einbezogen. Das bedeutet, dass dieses Buch die Weisheit der Kelten so beschreibt, wie ich sie selbst in meinem Leben erfahren habe. Es gibt Einzelheiten keltischer Praktiken, die im Lauf der Zeit verloren gegangen sind, wie zum Beispiel der Vogelgesang als Möglichkeit zur Weissagung. Ich habe diese Methoden nicht selbst praktiziert, doch sind sie in diesem Buch aufgeführt, damit der Leser* vielleicht die Gelegenheit wahrnimmt, sich weiter mit den noch unerforschten Aspekten der Kelten zu beschäftigen.

Obwohl ich mich hauptsächlich auf meine eigenen praktischen Erfahrungen beziehe, gibt es reichhaltige Informationsquellen, die bis in die moderne Zeit überlebt haben. Die Aufzeichnungen und Beobachtungen historischer Führungspersönlichkeiten und Gelehrten, wie zum Beispiel Julius Cäsar, Plinius oder Tacitus, ermöglichen einen Blick auf das Äußere der keltischen Kultur. Das großartige Aufgebot keltischer Kunstgegenstände, das entdeckt wurde, liefert uns eine Fülle von Informationen darüber,

---

* Bei Substantiven, bei denen vom Bedeutungsgehalt her sowohl die weibliche als auch die männliche Form gemeint ist, habe ich aus Platz- und Übersichtlichkeitsgründen nur die männliche Form verwendet. Damit ist keine Abwertung o. Ä. von Frauen beabsichtigt.

von welchen geistigen und kulturellen Strömungen die Kelten beeinflusst wurden. Die zahlreichen Zeugnisse keltischer Literatur, von ausladenden Zyklen bis hin zu den Mythen und Legenden der einzelnen keltischen Länder, schenken uns weitere Einblicke in die Gedankenwelt und die Glaubensrichtungen dieser weit verbreiteten und reichen Kultur.

Die Hochburg keltischen Wissens befindet sich noch immer in England und Irland, und trotz der zerstörerischen Bemühungen der christlichen Kirche haben Sprache, Literatur und Spiritualität der Kelten überlebt. Das gilt besonders für Irland und in abgeschwächter Form auch für Schottland und Wales. Im ländlichen England, besonders im Westen des Landes und in einigen Gegenden von Schottland und Wales, gibt es noch volkstümliche Praktiken und Geschichten, die auf unsere keltischen Vorfahren zurückzuführen sind.

Viele der keltischen Mythen, Sagen und Legenden wurden mündlich überliefert. Erst ab dem zwölften Jahrhundert begannen geistliche Gelehrte diese Geschichten aufzuschreiben. Das *Buch der dunkelhäutigen Kuh* und das *Buch von Leinster* waren zwei der ersten Werke dieser Art, die in Irland niedergeschrieben wurden, gefolgt von der wohl berühmtesten aller irischen Sagen, *Der Rinderraub von Cooley (Táin Bó Cuailnge),* die von dem epischen Kampf zwischen den Männern von Ulster und Connaught erzählt.

Das walisische Werk *Mabinogion* ist voll von großartigen Erzählungen und zeigt dem Leser viele Aspekte der *Artus-Sage,* ebenso wie die *Historia regum Britanniae* von Geoffrey of Monmouth (um 1136). Auch Schottland hat ein großes Angebot an Literatur, einschließlich heroischer Gedichte wie das *Gododdin*. Im siebzehnten Jahrhundert erschienen weitere Schriften, aber da das Christentum mittlerweile einen sehr starken Einfluss auf England ausübte, ist davon auszugehen, dass viele der ursprünglich mündlich überlieferten Geschichten wesentlich verändert wurden, um dem Glauben der damaligen Zeit zu entsprechen.

Es gibt keinen Kanon zuverlässiger Schriften, der die gesamte Weisheit der Kelten beinhaltet. Es gibt keine Bibel und keinen Koran. Man muss die keltische Weisheit aus allen verfügbaren Quellen zusammentragen, sie mit dem gesunden Menschenverstand prüfen und dann in das alltägliche Leben integrieren. Weisheit, die nicht angewendet wird, ist keine Weisheit; sie bleibt Theorie. Dieses Buch beabsichtigt, die Essenz dieser Weisheit herauszufiltern und dem Leser praktische Anwendungsmöglichkeiten zu liefern, die er im modernen Leben umsetzen kann.

Die keltische Weisheit verfügt nicht über Lösungen für die Probleme dieser Welt. Sie zeigt lediglich die Möglichkeit, wie man zu größerem Gleichgewicht und besserer Gesundheit von Körper, Geist und Seele gelangen kann. Der wichtigste Aspekt der Weisheit ist nicht keltisch, sondern universal, und das besagt, dass nichts blindlings geglaubt oder übernommen werden soll, was in diesem oder in jedem anderen Buch geschrieben steht. Man muss jede Weisheit erst überprüfen, um festzustellen, ob sie in das eigene Leben integrierbar ist. Sollten Sie Weisheit finden, dann akzeptieren Sie sie. Sollten Sie jedoch mit bestimmten Informationen nichts anfangen können, ist es entweder nicht der richtige Zeitpunkt für Sie, diese Weisheit anzunehmen, oder es handelt sich tatsächlich nicht um Weisheit. Prüfen Sie alles gründlich, und akzeptieren Sie nur das, was sich richtig für Sie anfühlt. Auf diese Weise können Sie von diesem Buch und allen weiteren, die Sie noch lesen werden, nur profitieren.

1
Die Weisheit der Bäume

Für die Kelten hatten Bäume existenziellen Charakter. Die Bäume lieferten ihnen Material für Werkzeuge, Waffen, Medizin, Farbstoffe und Behausungen. Die Kelten glaubten, dass Bäume einen Schutzgeist haben, und deshalb kommunizierten sie mit jedem Baum und baten ihn um Erlaubnis, wenn sie etwas von seinem Holz benötigten. Ein Baum, dessen Holz man für praktische Zwecke brauchte, wurde vorher gewarnt, um ihm zu ermöglichen, seine Energie aus den Ästen zurückzuziehen, die abgeschlagen werden sollten. Wurde das Holz für magische oder medizinische Zwecke benötigt, so bat man den Baum, etwas von seiner Energie in dem Holz zu hinterlassen, damit die Weisheit und Heilenergie des Baums dem Benützer zugute kommen konnte. Die Kelten glaubten, dass Waffen, magische Werkzeuge, Medizin und Farbstoffe eine stärkere Wirkung haben, wenn die Energie des Baums im Holz erhalten bleibt.

Ganz gleich für welchen Zweck das Holz gebraucht wurde, immer hinterließen die Kelten eine Gabe als energetischen Ausgleich und Dank für das Geschenk. Wenn eine große Menge Holz benötigt wurde, wie zum Beispiel für den Bau eines Gebäudes, dann bat man den Hüter des Waldes um Erlaubnis und es wurden Opfergaben unter oder in einen Großvater- oder Großmutterbaum (die ältesten Bäume eines Waldes) gelegt.

Da die Kelten einen tiefen Respekt für die gesamte Schöpfung besaßen, hielten sie für alles, was sie an der Schöpfung veränderten oder von ihr nahmen, eine ehrfürchtige Zeremonie ab. Nichts geschah gedankenlos oder eigennützig. Wenn sie Holz brauchten, nahmen sie nur so viel, wie sie tatsächlich benötigten. Feuerholz sammelten sie von toten Bäumen und herabgestürzten Ästen, soweit das möglich war, und auch dann hinterließen sie ein Zeichen ihrer Dankbarkeit für den Hüter des Waldes.

Die Kelten berücksichtigten die unterschiedlichen Eigenschaften aller Bäume, mit denen sie in Kontakt kamen. Die Eiche zum Beispiel ist ein kräftiger Baum, und da sie lange lebt, wurde sie als Träger großer Weisheit betrachtet. Wenn Sie nach diesen Qualitäten suchen, sollten Sie mit »Eichenmedizin« arbeiten. Die Weide wiederum mag Wasser und steht daher für Flexibilität und »im Fluss sein« sowie für emotionales Gleichgewicht. Sollten Sie diese Qualitäten anstreben, so arbeiten Sie mit »Weidenmedizin«. Manchmal benötigt man auch zwei Mittel gleichzeitig. Obwohl die Eiche stark ist, kann ein Sturm sie leicht entwurzeln, wohingegen die Weide gelernt hat, sich mit dem Wind zu biegen. Somit braucht die Stärke auch Flexibilität, um im Gleichgewicht zu bleiben.

Die Heilkraft der Bäume

Damit Sie sich die Heilkraft der Bäume zu Nutze machen können, müssen Sie zuerst die unterschiedlichen Charaktereigenschaften der einzelnen Bäume kennen lernen. Ich empfehle Ihnen einen Ausflug in den Wald. Suchen Sie sich dort zwei identische Bäume aus, und verbringen Sie einige Zeit mit ihnen, um ihre Unterschiedlichkeit zu erspüren. Wann auch immer Sie sich in der Nähe von Bäumen befinden, achten Sie darauf, von welchen Bäumen Sie sich besonders angezogen fühlen.

Wenn ein bestimmter Baum Sie sehr stark anzieht, berühren oder umarmen Sie ihn. Sprechen Sie im Geiste oder hörbar mit ihm, und teilen Sie ihm mit, wie einzigartig und schön er ist. Erzählen Sie ihm Ihre Gedanken und Probleme, öffnen Sie Ihren Geist, und achten Sie darauf, welche Antworten in Ihnen auftauchen. Sollten Sie eine besonders starke Anziehung zu dem Baum wahrnehmen, können Sie ihn darum bitten, etwas von seinem Holz mitnehmen zu dürfen, um daraus einen Stab, ein Werkzeug oder einen Anhänger zu fertigen, der Ihre Verbindung mit diesem Baum bekräftigen soll. Denken Sie daran, mit Liebe und Respekt vorzugehen und immer ein Geschenk als Zeichen Ihres Dankes zu hinterlassen.

Für manche Menschen mag das ziemlich einfältig klingen und scheinbar nichts mit Medizin zu tun haben; doch viele Krankheiten entstehen im Geist. Ungesundes Denken führt zu ungesunden Lebensgewohnheiten, und diese wiederum verursachen physische Krankheiten. Ein gesunder Geist in einem gesunden Körper kann selbst Krankheiten, die durch Viren oder Bakterien ausgelöst werden, widerstehen. Es tauchen immer wieder Probleme auf, die der Verstand nicht lösen kann. Die Verbindung mit der Energie eines Baums oder auch mit anderen Energieformen verändert unser Bewusstsein, und in diesem veränderten Bewusstseinszustand stoßen wir auf ungeahnte Lösungen. Mit der Lösung des Problems kommt der Mensch wieder ins Gleichgewicht und wird wieder gesund. So wirkt die Heilkraft der Bäume.

Unsere keltischen Vorfahren besaßen ein Wissen um Energien, das wir leider verloren haben. Während der letzten Jahrhunderte bestand die medizinische Forschung hauptsächlich aus dem Sezieren und Analysieren toter Körper. Das führte zu einem Verständnis des Körpers als einer Maschine anstatt eines lebendigen, von Energie durchdrungenen Organismus. Da wir aufgehört haben, uns als Wesen voller Energie zu betrachten, haben wir auch die Fähigkeit verloren, Energien um uns herum wahrzunehmen. Die Wahrnehmung von Energien ist ganz leicht wieder möglich, sobald man versteht, was Energie ist und wie sie funktioniert.

Das gesamte Universum besteht aus winzigen Teilchen (Materie), die ständig in Bewegung sind. Verschiedene Dinge bewegen sich unterschiedlich schnell, wie ein Auto eine andere Geschwindigkeit hat als ein Fußgänger. Diese Bewegung nennt man Schwingung. Alles, was in dieser Welt erfahrbar ist, ist eine Form der Schwingung mit eigenem Rhythmus. Der Wind, der Ihnen ins Gesicht bläst, das Blut, das durch Ihren Körper zirkuliert, auch Sichtbares, Klänge und Gedanken bestehen aus Schwingungen. Harmonische Schwingungen vibrieren im natürlichen Gleichgewicht des Universums, während unharmonische Schwingungen das gesamte Gleichgewicht stören.

Eine starke Schwingung hat eine größere Wirkungskraft als eine schwächere, daher ist es ratsam, die verschiedenen Qualitäten von Energie unterscheiden zu lernen. Das gibt einem die Möglichkeit, sich so weit wie möglich mit starken, harmonischen Schwingungen zu umgeben.

Die Wissenschaft behauptet, dass nichts ohne Energie schwingen kann. Das bedeutet, dass das gesamte Universum aus Energie besteht. Die Wissenschaft sagt auch, dass Energie niemals zerstört, sondern nur verändert werden kann. Die Energie eines brennenden Feuers verwandelt die Energie von Holz in Hitze (die Wärme des Feuers), Licht (das Glühen des Feuers), Klang (das Knistern des Feuers) und in andere Stoffe (wie Ruß, Asche und Rauch). Die Energie des Brennstoffs wird durch das Feuer also nicht zerstört, sondern nur in eine andere Energieform verwandelt.

Dasselbe gilt für uns alle. Alles, was wir denken, sagen oder tun, ist Energie, die in das Universum gesendet wird. Gleichzeitig werden wir ständig von außen mit Energien bombardiert. An einige dieser Energieformen sind wir gewöhnt, wie zum Beispiel optische und akustische Reize, Geschmack, Geruch und Berührung. Dadurch haben wir einen Überblick über unsere Umwelt und die Energien, mit denen wir zu tun haben, aber das wirkliche Verstehen der Energie ermöglicht uns einen Zugang zu weitaus mehr Informationen.

Ein Baum hat ausgeglichene, harmonische Energien. Wenn Sie lernen, diese Energie zu erkennen, dann sind Sie in der Lage, auch mehr Harmonie in Ihrem eigenen Leben zu finden. Das bloße Wissen um die Existenz dieser Energie ermöglicht Ihnen, sie in einem gewissen Umfang wahrzunehmen. Während Sie die Übungen in diesem Buch durcharbeiten, werden Sie einiges über harmonisierende Energien erfahren. Dadurch werden Sie sich der unharmonischen Schwingungen in Ihrem Leben bewusst werden und lernen, diese in harmonische zu verwandeln. Negative Gedanken sind unharmonische Schwingungen, und diese ziehen wiederum negative Taten an; positive Gedanken ziehen somit auch positive Taten an.

Das bedeutet allerdings nicht, dass Ihnen nur noch Gutes widerfährt, wenn Sie positiv denken. Wenn Sie jedoch eine positive Lebenseinstellung bewahren, wird diese innere Haltung es Ihnen ermöglichen, allen Konfrontationen auf Ihrem Weg ebenso zuversichtlich zu begegnen. Probleme werden zu Gelegenheiten, Lösungen zu finden. Die Energie aller natürlichen Erscheinungsformen strebt fortwährend nach Gleichgewicht und Harmonie. Umgeben Sie sich mit diesen harmonisch schwingenden Energien, und Ihre eigene Schwingung wird sich angleichen. Wenn Sie einen Baum umarmen, sollten Sie Ihrem Geist erlauben, frei umherzustreifen, und beobachten, was für Gedanken Ihnen in den Sinn kommen. Sie werden bemerken, wie sehr der Baum Ihre Energie beeinflusst und es Ihnen ermöglicht, die Dinge aus einer neuen Perspektive zu betrachten, und dies kann Ihnen bei der Lösung Ihrer Probleme helfen. Das ist eine der Möglichkeiten, mit Energien zu arbeiten. Mit einer wahrhaftigen Absicht und einem offenen Geist werden Sie die Energien und Lektionen anziehen, die Ihnen Harmonie bescheren.

Das Ogham-Baumorakel

Die Kelten und insbesondere die Druiden hatten ein altes bardisches Alphabet, worin jeder Buchstabe einen Baum, einen Vogel und eine Farbe repräsentierte. Dieses Alphabet nannte man *Ogham*. Die meisten Niederschriften wurden in England und Irland auf Denkmälern gefunden. Es war ein magisches Alphabet, das große Weisheit für diejenigen bereithielt, die es entziffern konnten. Die Druiden glaubten, dass es eine Verbindung zwischen den Bäumen, Vögeln und Farben gab, die denselben Anfangsbuchstaben hatten.

Die Kelten glaubten auch, dass dieses Alphabet als Mittel zur Wahrsagung verwendet werden konnte, und sie glaubten an die Verbindung der Symbole des jeweiligen Baums, des Vogels und der Farbe. Dieses Wissen ist verloren gegangen, aber vielleicht wird es eines Tages wiederentdeckt. In diesem Buch konzentriere ich mich auf die Symbolik der Bäume des Ogham-Alphabets, doch die Tabelle auf S. 22 nennt die Vögel und Farben zu den entsprechenden Buchstaben für alle, die diese Thematik weiter vertiefen und möglicherweise dazu beitragen möchten, das verlorene Wissen wiederzubeleben.

Die Buchstaben wurden *fedha* genannt und bestanden aus einer Reihe von Linien, die sich oberhalb oder unterhalb einer Grundlinie befanden oder auf beiden Seiten dieser Grundlinie angeordnet waren. Die Grundlinie nannte man *druim*. Es gab vier Anordnungen von je fünf Buchstaben:

Dreizehn dieser Buchstaben standen in Zusammenhang mit den dreizehn Mondmonaten, die ein Jahr beschrieben.

Tabelle der Vogel- und Farbnamen des Ogham-Alphabets

Buchstabe	Ogham-Vogel	deutsche Bezeichnung	Ogham-Farbe	deutsche Bezeichnung
B	Besan	Fasan	Ban	weiß
L	Lachan	Ente	Liath	grau
F	Faelinn	Möwe	Flann	karmesinrot
S	Seg	Falke	Sodath	feuerrot
N	Naescu	Schnepfe	Necht	klar
H	Hagaig	Nebelkrähe	Huath	stechend
D	Droen	Zaunkönig	Dub	schwarz
T	Truith	Star	Temen	dunkelgrau
C	Corr	Kranich	Cron	braun
Q	Querc	Huhn	Quair	mausgrau
M	Mintan	Meise	Mbracht	bunt
G	Geis	Höckerschwan	Gorm	blau
Ng	Ngeigh	Gans	Nglas	grün
St	Stmolach	Drossel	Sorcha	hell
R	Rochat	Saatkrähe	Ruadh	blutrot
A	Aidhircleog	Kiebitz	Alad	scheckig
O	Odoroscrach	Kormoran	Odhar	graubraun
U	Uiseog	Lerche	Usgdha	harzig
E	Ela	Singschwan	Erc	rot
I	Illiat	junger Adler	Irfind	weiß

Die zwanzig Zeichen des Ogham-Alphabets

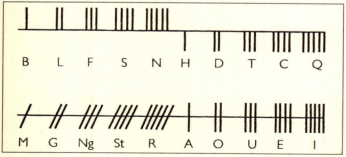

Der Grund für die Zuordnung eines speziellen Baums zu einem speziellen Monat ist nicht bekannt. Möglicherweise gab es eine Übereinstimmung mit der Symbolik der Bäume und dem landwirtschaftlichen Verlauf eines Jahres. Die Druiden kannten Astronomie und Astrologie; vielleicht dienten die dreizehn Monate der Kennzeichnung des Nachthimmels zu verschiedenen Zeiten des Jahres. Obwohl die Hintergründe des Ogham-Kalenders unklar sind, so ist doch seine Wichtigkeit für die Druiden bewiesen. Nur die Beobachtung der Bäume, der Sterne und der Jahreszeiten, Monat für Monat, wird die wahren Hintergründe offenkundig machen. In Zukunft möchte ich mich diesen Aspekten widmen, um einen besseren Einblick in die Überlieferungen der Druiden zu gewinnen. Hier folgt eine Tabelle für diejenigen, die sich weiter damit beschäftigen wollen:

Die dreizehn Baummonate

Buchstabe	Name	Baum	Datum
B	Beth	Birke	24. Dez.–20. Jan.
L	Luis	Eberesche	21. Jan.–17. Feb.
N	Nion	Esche	18. Feb.–17. März
F	Fearn	Erle	18. März–14. April
S	Saille	Weide	15. April–12. Mai
H	Huath	Weißdorn	13. Mai–9. Juni
D	Duir	Eiche	10. Juni–7. Juli
T	Tinne	Stechpalme	8. Juli–4. Aug.
C	Coll	Haselstrauch	5. Aug.–1. Sept.
M	Muin	Brombeerstrauch	2. Sept.–29. Sept.
G	Gort	Efeu	30. Sept.–27. Okt.
Ng	Ngetal	Schilf	28. Okt.–24. Nov.
R	Ruis	Holunder	25. Nov.–22. Dez.
–	unbenannter Tag	–	23. Dez.

Ohne Zweifel verwendeten die Kelten das Ogham als Mittel zur Weissagung. Ein Ogham-Set kann erstellt werden, indem man die einzelnen Buchstaben auf einen Stein oder ein Stück Holz malt oder einritzt. Man befragt das Orakel, indem man einen Buchstaben (das heißt ein Stück Holz oder Stein) auswählt und die jeweilige Symbolik in Hinblick auf eine konkrete Frage überdenkt, bis sich eine klare Antwort manifestiert hat. Im Folgenden stelle ich die wichtigsten Bedeutungen der zwanzig Bäume, die das Ogham umfasst, vor:

Beth/Birke

Die Kelten verwendeten die Birke zur Reinigung ihrer Behausungen und heiliger Plätze. Die Birke ist von einem Pilz befallen, der ihre dünnen Zweige zu Bündeln formt, und daher wird vermutet, dass sie ursprünglich als Besen benutzt wurde, der Negativität wegfegte. Birkenstämme wurden für die Pfähle des *Yule*-Fests und auch für die Maibäume beim *Beltane*-Fest verwendet. Yule und Beltane finden zu Übergangszeiten des Jahres statt. Das Yule-Fest kündigt den Beginn der kältesten Zeit des Jahres an, während das Beltane-Fest die wärmste Zeit feiert; deshalb wird *Beth* oft mit Veränderung und Erneuerung assoziiert.

Luis/Eberesche

Die roten Beeren der Eberesche gelten seit alters als Schutzsymbol, da sie das Zeichen des Pentagramms tragen (der fünfzackige Stern ist ein sehr altes Schutzsymbol). Die Farbe Rot wird mit Feuer assoziiert und gilt auch als Schutz gegen Dunkelheit und Negativität. Das Holz der Eberesche ist besonders zur Fertigung von Schutzamuletten geeignet.

Fearn/Erle

Die Erle fühlt sich besonders in der Nähe von Wasser wohl und symbolisiert dadurch emotionale Stärke. Die Haltbarkeit des Holzes wird mit Standhaftigkeit und Durchhaltevermögen in Verbindung gebracht. Das Holz der Erle wurde vor allem als Baumaterial für Schiffe verwendet, und man assoziierte es mit dem Überqueren von Abgründen und scheinbar unüberwindlichen Hindernissen.

Saille/Weide

Die Weide steht für Flexibilität und emotionales Gleichgewicht. Sie symbolisiert auch Regeneration, da abgeschnittene Weidenruten sofort wieder treiben, und abgeschnittene Äste, die man in die Erde steckt, schlagen oft Wurzeln und wachsen wieder. Die Weide war dem Mond geweiht und ist ein Symbol für die Ebbe und Flut des Lebens.

Nion/Esche

Die Esche symbolisiert den Weltenbaum, der die Unterwelt, die Mittelerde (die wir bewohnen) und die Oberwelt des Geistes miteinander verbindet. Sie wurde zur Herstellung der Druiden-Stäbe verwendet und ist für ihre magischen Kräfte bekannt.

Huath/Weißdorn

Alle Bäume, die Dornen tragen, werden als Schutzbäume betrachtet. In einigen keltischen Kulturen wurde das Fällen eines Weißdorns mit dem Tod bestraft. Er blüht im Mai, und seine Blüten werden ausgiebig bei den Beltane-Festen verwendet; somit symbolisiert der Weißdorn Fruchtbarkeit und die Geburt des Sommers.

Duir/Eiche
Die Eiche, Hüter der Weisheit des Waldes, galt als der heiligste aller Bäume. Das Wort *Druide* kann mit »jemand, der das Wissen der Eiche hat« übersetzt werden, und viele Druiden hielten ihre Rituale in heiligen Eichenhainen ab. Das Wort *duir*, das aus dem Ogham stammt, bedeutet auch »Türe«; somit symbolisiert die Eiche das Tor zum Wissen. Es heißt, der Eichenkönig regiere die Sommermonate.

Tinne/Stechpalme
Die Stechpalme wird als das winterliche Gegenstück der Eiche betrachtet. Der Stechpalmenkönig regiert die Wintermonate. Die Stechpalme symbolisiert die Weisheit der dunklen Jahreszeit und wurde während des Yule-Fests in die Häuser gebracht, um diese Energie zu ehren. Sie diente auch zum Schutz gegen feindliche Kräfte.

Coll/Haselstrauch
Der Haselstrauch stand für Autorität und verborgenes Wissen. Man fertigte aus seinen Zweigen bevorzugt Zauberstäbe und Wünschelruten. Die keltische Legende erzählt von den neun karmesinroten Haselnüssen der Weisheit, die in einen heiligen Teich fielen und von einem Lachs gefressen wurden. Wer von diesem Lachs aß, wurde von großer Weisheit durchdrungen. Der Haselstrauch wächst auffallend geradlinig, und man gewinnt aus seinem Holz ausgezeichnete Stöcke und Wanderstäbe, die einem behilflich sind, mit dem verborgenen Wissen des Waldes in Verbindung zu treten.

Quert/Apfelbaum

Äpfel wurden schon immer mit Liebe assoziiert. Isst man sie zu *Samhain* (ein Abend vor Allerheiligen), verbinden sie einen mit dem keltischen Jenseits, der Anderswelt. *Avalon*, die heilige, magische Insel der *Artus-Sage*, bedeutet »Insel der Äpfel«.

Muin/Brombeerstrauch

Da man die Brombeere zur Herstellung alkoholischer Getränke verwendete, ist sie mit der Göttin des Rausches verbunden. Ursprünglich wurde Alkohol als bewusstseinsverändernder Trunk eingenommen und nicht als auflockernder Stimmungsmacher konsumiert. Somit symbolisiert der Brombeerstrauch auch die Veränderung von Gedankenmustern und damit verbundener Prozesse und ist besonders von Nutzen, wenn man sich festgefahren fühlt.

Gort/Efeu

Sein spiralenförmiges Wachstum erinnert an die Spirale des Lebens und Lernens. Efeu symbolisiert Bescheidenheit und Ausdauer, da er sein Leben als schwaches Pflänzchen beginnt und schließlich doch sehr robust und stark wird.

Ngetal/Schilf

Da die Schilfrohre zum Schreiben verwendet wurden, assoziierte man sie mit niedergeschriebenem Wissen und mit Lernen. Der keltischen Legende nach wurde der große und weise Barde *Taliesin* als Baby in einem Schilfkorb auf dem Wasser treibend gefunden. Dadurch wurde die Verbindung von Schilf mit Lernen und Wissen bekräftigt.

Straif/Schwarzdorn
Der Schwarzdorn, auch als Schlehe bekannt, galt als Bruder des Weißdorns und ist ein Schutzbaum mit stark männlichen Energien; daher wurde er mit spiritueller Autorität assoziiert. Aus Schwarzdorn wurden oft magische Stäbe hergestellt.

Ruis/Holunder
Der Holunder wurde zur Anfertigung von Pfeifen, mit denen man Geister rufen konnte, verwendet. Es heißt, er unterstütze die Verbindung mit der Anderswelt. Er wird als Baum mit großer Zauberkraft angesehen, und aus seinen Beeren wurden bewusstseinsverändernde Getränke hergestellt.

Ailm/Ulme
Die Ulme wird sehr hoch, deshalb hat man sie mit dem Erreichen neuer Höhen und der Überwindung von Missgeschick assoziiert.

Onn/Stechginster
Als Früh- und Spätblütler symbolisiert der Stechginster die Hoffnung. Wie alle dornigen Pflanzen steht er für Schutz, besonders in den Wintermonaten, wenn er, sofern das Klima mild ist, weiterblüht.

Ur/Heidekraut
Man sagt, dass Heidekraut, wenn man darauf schläft, den Geist erfrischt und erneuert. Es symbolisiert neue Perspektiven und die Verwandlung von Negativem in Positives.

Eadha/Espe

Die Espe, auch als Zitterpappel bekannt, wurde besonders zur Fertigung keltischer Schutzschilde verwendet, da man sie als »Verhüter des Todes« betrachtete. Es heißt, dass man die Stimmen der Geisterwelt im Rauschen der Espenblätter hören kann, wenn der Wind weht.

Iubha/Eibe

Als ein Baum, der sich fortwährend selbst erneuert, symbolisiert die Eibe Wiedergeburt und Transformation. Sie lehrt das Akzeptieren von Veränderungen und ist hilfreich bei der Erinnerung an Vorleben.

Weitere besondere Bäume

Für die Kelten waren alle Bäume einzigartig und heilig. Von jedem Baum konnte man lernen, wenn man dazu bereit war. Ich möchte im Folgenden ein paar weitere Bäume vorstellen, die den Kelten heilig waren:

Lorbeer

Der Lorbeer wurde mit der Sonne assoziiert und bei den Sommersonnwendfesten zum Schutz gegen dunkle Kräfte eingesetzt. Bei keltischen Übergangsritualen wurde er auch als ehrerbietige Dekoration verwendet.

Buche

Die Buche, als »Königin der Wälder« bekannt, war das weibliche Gegenstück zur königlichen Eiche.

Zeder
Obwohl die Zeder erst im sechzehnten Jahrhundert in England eingeführt wurde und eigentlich aus Südeuropa stammt, war sie einigen Kelten bekannt. Die Zeder wurde als Weihrauch zur Reinigung verwendet und ist daher Symbol für geistige Klarheit.

Mistel
Die Mistel war den Druiden sehr heilig, da sie wuchs, ohne dabei den Boden zu berühren. Julius Cäsar berichtete von dem Druiden *Divitaicus* vom Stamm der *Haeduer*, der ihm von einer speziellen Druiden-Zeremonie erzählt hatte, die um die Wintersonnwende stattfand und bei der die Misteln geerntet wurden. Der Mistelzweig wurde mit einem einzigen Hieb einer goldenen Sichel abgeschnitten und in einem weißen Tuch aufgefangen, so dass kein bisschen seiner Zauberkraft in die Erde gelangen konnte. Die weißen Beeren der Mistel standen für Samen und Männlichkeit. Die roten Beeren der Stechpalme standen für Menstruation und Weiblichkeit. Stechpalme und Mistel wurden in einem Fruchtbarkeitsritual zusammen verwendet, um die Geburt des Frühlings zu sichern.

Pinie
Die Pinie wurde zur Reinigung verbrannt. Während des Yule-Fests brachte man Pinienzweige in die Häuser, damit während der Wintermonate bis zur Tag-und-Nacht-Gleiche im Frühling ein wenig Grün (Symbol für Wachstum) in den Innenräumen blieb. Diese Tradition geht den Weihnachtsbäumen einige Tausend Jahre voraus.

Bäume kennen lernen

Schreiben Sie die Namen der ersten drei Bäume auf, die Ihnen einfallen. Möglicherweise spüren Sie eine Verbindung zu diesen Bäumen, da sie Ihnen zuerst in den Sinn kamen. Das bedeutet, dass Sie etwas von diesen Bäumen lernen können. Es gibt viele Wege, ihre Lektionen zu entdecken und zu erlernen. Sie können einfach Zeit mit Bäumen verbringen, Sie können mit ihnen meditieren, oder Sie können ihnen Fragen stellen, wie dies im folgenden Abschnitt »Mit dem Ogham arbeiten« beschrieben wird.

Eine weitere Möglichkeit, sich mit der Weisheit der Bäume zu verbinden, besteht darin, einen bestimmten Baum sorgfältig zu studieren. Finden Sie heraus, was er zum Wachsen und Überleben benötigt. Beschäftigen Sie sich mit seinen Stärken und Schwächen, und prüfen Sie, ob einige dieser Aspekte in Ihnen der Bearbeitung bedürfen. Erforschen Sie Symbolik und mythologische Hintergründe des Baums, und erspüren Sie, ob etwas davon Ihr Inneres berührt. Dabei ist es sehr wichtig, dass Sie ganz ehrlich mit sich selbst sind.

Bäume lehren durch Beispiele. Sie zeigen Ihnen starke Eigenschaften, damit Sie diese erlernen, und sie zeigen Ihnen Schwächen, damit Sie sich davor schützen können. Es liegt ganz bei Ihnen, wie Sie mit diesen Informationen umgehen. Bäume können Ihnen nur so viel beibringen, wie Sie zu lernen bereit sind.

Einer der ersten Bäume, zu denen ich mich hingezogen fühlte, war die Eibe. Anfangs fand ich das eigenartig, da die Eibe mit dem Tod assoziiert wird. Solange ich mich nicht mit den Wachstumsbedingungen der Eibe beschäftigte, konnte ich auch ihre Botschaft nicht verstehen. Die Eibe erreicht eine bestimmte Größe und scheint dann mit dem Wachsen aufzuhören. In Wirklichkeit wächst jedoch ein neuer Baum in ihrem Inneren heran. Dieser Prozess dauert Hunderte von Jahren, bis der Baum eine immense Höhe erreicht hat. Als ich das erfahren hatte, begann ich die Botschaft des Baums zu verstehen. Zu dieser Zeit hatte ich die Tendenz, mich auf meinen Lorbeeren auszuruhen und mich gut zu fühlen, wenn ich eine Lektion gelernt hatte. Ein unvermeidlicher Stolz kam in mir auf, dem bald eine Rückwärtsbewegung folgte. Jedes Mal fand ich mich dann in meinen alten Gewohnheiten und Mustern wieder. Die Eibe lehrte mich, niemals zu rasten, sondern immer weiter zu wachsen, selbst in den tiefsten Krisen meines Lebens. Jedes Mal, wenn ich einer Eibe begegne, danke ich ihr für ihre Weisheit, denn ohne diesen einfachen Baum hätte ich diese wertvolle Einsicht nicht erlernt. Ist die Natur nicht voller Magie?

Mit dem Ogham arbeiten

Sie können ein einfaches Ogham-Set erstellen, indem Sie den jeweiligen Buchstaben oder Baumnamen auf ein Stück Karton schreiben. Dann können Sie anfangen, mit dem Ogham-Orakel zu arbeiten. Ziehen Sie zunächst zum Kennenlernen jeden Tag eine Karte, und stellen Sie dabei die Frage: »Was ist meine Lektion für den heutigen Tag?« Schlagen Sie die Symbolik des jeweiligen Baums nach, und benützen Sie diese als Ausgangspunkt für Ihr tägliches Lernabenteuer. Wenn Sie zum Beispiel das »S« für Saille/Weide ziehen, dann sollten Sie sich während des Tages auf Flexibilität konzentrieren. Sollten Sie »St« für Straif/Schwarzdorn ziehen, dann sind Sie aufgerufen, Ihre Wahrheit mitzuteilen und sich nicht mit Dingen zufrieden zu geben, von denen Sie wissen, dass sie falsch sind.

Je besser Sie das Ogham kennen lernen, desto mehr können Sie um Führung in komplexeren Angelegenheiten bitten, und Sie können mehrere Karten ziehen, um Klarheit zu erlangen. Wenn Sie das Orakel befragen, sollten Sie sich Ihrer Absicht ganz bewusst sein. Wenn ich in einer bestimmten Angelegenheit Objektivität brauche, dann ziehe ich manchmal drei Karten auf folgende Art und Weise: Zuerst visualisiere ich das Problem in meinem Geist, während ich meinen Beutel mit den Karten in Händen halte. Dann frage ich das Orakel nach einer Erklärung der Vergangenheit, also den Lektionen, die zur Manifestation dieses Themas geführt haben, und dann ziehe ich eine Karte. Ich verharre für eine Weile in meditativer Haltung und beobachte alles, was mir in den Sinn kommt. Ich wiederhole diesen Vorgang mit der gleichen Frage, aber auf die jetzige Situation bezogen. Dasselbe mache ich nochmals für die Zukunft. Dann lese ich die Bedeutung der Symbole, um noch mehr Klarheit zu gewinnen.

Diese Vorgehensweise hat nichts mit Magie zu tun. Die Antworten auf alle Fragen, die Lösungen aller Probleme *und das Wissen um die Lektionen tragen Sie bereits in sich, von dem Moment Ihrer Geburt an bis zu Ihrem Tod. Dieses Wissen entspringt Ihrem höheren spirituellen Selbst. Weissagung ist lediglich ein Hilfsmittel, dieses Wissen wieder ins Bewusstsein zu rufen. Auch die keltische Weisheit ist ein Türöffner. Jede Lebenserfahrung ist eine Gelegenheit, etwas zu lernen und durch eine Türöffnung zu neuem Verständnis zu gelangen. Alle diese Türen sind bereits in Ihnen vorhanden. Je mehr wir öffnen, desto mehr lernen wir und desto weiser können wir werden. Es gibt unzählige Türen. Manche Menschen öffnen nur ein paar wenige im Laufe ihres Lebens, andere öffnen Tausende, doch müssen Sie durch jede Tür (Lektion) hindurch, bevor die nächste sich in Ihrem Leben manifestieren kann.*

2
Die Weisheit der Tiere

Die Verbindung, welche die keltischen Schamanen mit Tieren hatten, ging weit über die physische Ebene und sogar über das Lernen spiritueller Lektionen hinaus. Die Schamanen wurden zu den Tieren selbst und erlebten die Welt aus deren Perspektive. Die Kunst der Gestaltwandlung wird in den mythischen Schriften der Kelten ausführlich dokumentiert. Die berühmteste Geschichte über Gestaltwandlung ist die von *Taliesin,* dem Barden, der sich in unterschiedlichste Tiere verwandelte, um der Gefangenschaft der Hexe *Cerridwen* zu entkommen. Da er ihr versehentlich einen Zauber entwendet hatte, der ihm große Weisheit verlieh, wurde er von der Hexe verfolgt. Cerridwen konnte natürlich ebenfalls ihre Gestalt verändern, was sie auch wiederholt tat, während sie Taliesin jagte.

Die Gestaltwandlung war für Schamanen und Barden nicht nur auf Tiergestalten beschränkt, sondern sie konnten sich in jede Erscheinungsform der Schöpfung verwandeln. Es heißt, der Chefbarde der *milesianischen* Einwanderer habe eines der berühmtesten keltischen Gedichte, das *Lied von Amergin,* gesungen, als er zum ersten Mal seinen Fuß auf irischen Boden setzte. Das soll sich im Jahre 1268 vor unserer Zeitrechnung zugetragen haben. Obwohl der Originaltext durch Übersetzungen verloren gegangen ist, kann man doch ahnen, was übermittelt werden sollte. Es beginnt mit dreizehn Angaben verschiedener Existenzzustände.

Das Lied von Amergin

Ich bin der Wind über dem Meer
Ich bin eine Welle im Meer
Ich bin das Rauschen des Meeres
Ich bin ein Hirsch mit sieben Zacken
Ich bin ein Falke auf dem Felsen
Ich bin eine Träne der Sonne
Ich bin eine schöne Blume
Ich bin ein Eber
Ich bin ein Lachs im Teich
Ich bin ein See in der Ebene
Ich bin ein Hügel aus Poesie
Ich bin ein Speer in der Schlacht
Ich bin ein Gott, der das Feuer im Kopf entfacht

Die »sieben Zacken« weisen auf die Enden an den Geweihsprossen eines Hirsches hin. Sieben an jeder Sprosse kennzeichnen einen sehr alten, weisen Hirsch. Das Wort »Gott« in der letzten Strophe weist auf ein Wesen hin, das sich jenseits der physischen Dimension befindet. Das Wort »Gott« stammt von den Römern. Für die Römer waren die übernatürlichen Wesen der Kelten Götter. Die Kelten verehrten diese Wesen jedoch nicht auf die gleiche Weise, wie die Christen ihren Gott anbeteten. Vielmehr hatten die Kelten einen intensiven Austausch mit diesen Wesen, die von Außenstehenden als Götter wahrgenommen wurden. Von ihnen bekamen sie Hilfe und Führung, und sie betrachteten sie als Erscheinungsformen des einen Schöpfers.

Veränderten die Kelten wirklich ihre Form? Konnten sie etwas bewirken, das nach Ansicht der Wissenschaft unmöglich ist? Wir wissen es nicht, aber ich möchte eine wahre Geschichte erzählen, die ich persönlich erlebt habe und die meine Haltung dieser Thematik gegenüber deutlich macht.

Vor einigen Jahren war ich bei einer Versammlung von etwa vierzig Leuten in Dorset in England. Es war ein spirituelles Wochenende, das von einem Indianer geleitet wurde. Am Ende der Mittagspause kam eine der Teilnehmerinnen in einem sehr niedergeschlagenen Zustand zurück. Sie erzählte, dass in der Nähe eine Fuchsjagd stattfand und dass die Jagdhunde bereits eine Spur aufgenommen hatten. Sie fragte uns, ob es eine Möglichkeit gäbe, den Fuchs vor einem sinnlosen und grausamen Tod zu bewahren. Von der Qual der Frau berührt, setzte ich mich in eine stille Ecke und schloss meine Augen mit der Absicht, dem Fuchs liebevolle Energien zu schicken.

Was dann geschah, war eine sehr realistische und fühlbare Erfahrung für mich. Ich erlebte, wie mein Geist meinen Körper verließ und in den Himmel schwebte. Ich konnte in der Ferne die Jagdgesellschaft beobachten und sah auch den Fuchs, der sich zwei Felder weiter befand. Daraufhin erlebte ich, wie ich neben dem Fuchs herrannte. Der Fuchs war auf gleicher Höhe mit mir, und ich hatte kein Problem, mit ihm mitzuhalten. Dann erkannte ich, dass ich die Gestalt eines Fuchses angenommen hatte. Ich machte Halt und erklärte dem Fuchs, dass ich die Jagdhunde von ihm ablenken wolle. Ich sprach nicht in Worten, sondern in Bildern, und der Fuchs willigte ein und verschwand eilig. Ich konnte nun die Jagdhunde sehen, die das Feld erreicht

hatten, in dem ich mich befand. Sie entdeckten mich sehr schnell. Ich hatte keine Angst, sondern nur die ruhige Gewissheit, dass alles in Ordnung war. Ich kehrte um und lief einen Hügel hinauf, der in der entgegengesetzten Richtung lag, die der Fuchs genommen hatte. Als ich oben ankam, konnte ich sehen, dass der Fuchs in Sicherheit war, und als ich mich umdrehte, war ich von den speicheltriefenden, zähnefletschenden Jagdhunden umringt. Ohne einen Augenblick nachzudenken, verwandelte ich mich in einen Falken, schwebte einige Meter über dem Boden und betrachtete die Hunde unter mir, die wie verrückt herumsprangen und kläfften.
Daraufhin befand ich mich auf einmal wieder in meinem Körper, in jener Ecke, in die ich mich zuvor gesetzt hatte. Ich fühlte mich etwas benommen und wollte an die frische Luft. Die Bilder in meinem Kopf waren so lebendig und real. Etwas später an diesem Tag traf ich einen Jäger auf dem Heimweg. Ich fragte ihn, ob die Jagdgesellschaft an diesem Tag Füchse erlegt hätte. Er erzählte, dass die Jagdhunde zwar einen Fuchs verfolgt, aber dann wohl seine Fährte verloren hätten und der Fuchs entkommen sei.
Es geht mir nicht darum zu beweisen, dass meine Erfahrung Wirklichkeit war. Für mich war sie es, und das allein zählt. Seitdem gab es einige Situationen, in denen mein Geist sich in der Gestalt eines Tieres befand. Diese Erfahrungen schenkten mir jedes Mal neue Perspektiven dem Leben und der Schöpfung gegenüber. Ich glaube, dass diese Erlebnisse auf einer bestimmten Ebene wirklich sind, weil sie Veränderung bewirken.
Für mich ist die Gestaltwandlung eine Kunst, auf spiritueller Ebene Lektionen zu lernen und Veränderungen zu

bewirken, die in der Begrenzung eines menschlichen Körpers nicht wahrnehmbar sind. Jeder hat die Möglichkeit, diese Erfahrungen zu machen, ohne halluzinogene Drogen einzunehmen. Man muss nur die richtige Einstellung haben. Auf der spirituellen Ebene ist alles möglich, und alles, was auf dieser Ebene geschieht, kann einen direkten Einfluss auf die physische Ebene haben. Vertrauen und eine reine Absicht sind alles, was dazu nötig ist.

Die fünf keltischen Totemtiere der Mabon-Legende

In der keltischen Mythologie erscheinen immer wieder Tiere, die sich mit Menschen unterhalten. Ich nehme an, dass die Kommunikation mit Tieren auf der physischen Ebene eine alltägliche Praxis für die spirituellen Führer der Kelten darstellte. Das uralte walisische Werk *Mabinogion* beinhaltet Mythen und Legenden, unter anderem die Geschichte von *Culhwch* und *Olwen*, welche die Beziehung zwischen Mensch und Tier beschreibt.
Culhwch verliebte sich in Olwen, die Tochter des riesenhaften *Yspaddaden*, der seine Tochter nur dann hergeben wollte, wenn Culhwch in der Lage wäre, neununddreißig scheinbar unlösbare Aufgaben zu erledigen. Eine der Aufgaben bestand darin, das göttliche Kind *Mabon* zu finden. Culhwch suchte weit und breit, aber er fand nur heraus, dass man Mabon seiner Mutter gestohlen hatte, als dieser erst drei Tage alt war, und dass er seitdem nie wieder gesehen wurde. Das Kind war völlig in Vergessenheit geraten. Da niemand ihm einen Anhaltspunkt geben konnte, bat

Culhwch *Gwrhyr* um Hilfe, der die Sprache der Tiere verstehen konnte. Gemeinsam machten sie sich auf die Suche nach Mabon.

Sie einigten sich, zuerst mit dem ältesten aller Tiere, das ihnen bekannt war, der Amsel, zu sprechen. Die Amsel wusste viele Dinge und lebte schon viele Jahre, aber sie hatte noch nie von Mabon gehört. Sie führte die beiden zum Hirsch, der älter war als sie. Der Hirsch erzählte ihnen alles, was er wusste, aber als sie ihn nach Mabon fragten, konnte auch er nichts über das Kind sagen. Er führte sie zur Eule, die noch älter war als er, aber auch sie wusste nichts von Mabon und schickte sie zum Adler. Auch dieser wusste nichts zu berichten und schickte sie zum Lachs. Der Lachs sagte, er habe noch nie von Mabon gehört, sich aber durch das Weinen eines Kindes, das aus dem Ort Caer Loyw (Gloucester) zu ihm gedrungen sei, gestört gefühlt. Die zwei Männer setzten sich auf den Rücken des Lachses, fanden Mabon und befreiten ihn. Mabon wiederum half Culhwch, den Rest der Aufgaben zu erfüllen, damit dieser seine geliebte Olwen heiraten konnte.

Aus dieser Geschichte können wir entnehmen, dass die Amsel, der Hirsch, die Eule, der Adler und der Lachs als sehr alt und weise betrachtet wurden, und außerdem wird deutlich, dass man sich mit spirituellen Bereichen beschäftigen muss, wenn man auf der physischen Ebene keine Antworten erhält. Obwohl die Geschichte nicht direkt mit Gestaltwandlung zu tun hat, so muss doch eine gewisse Wandlung stattgefunden haben, damit zwei erwachsene Männer auf dem Rücken eines Lachses reiten konnten.

Die Tiere, die in der keltischen Kunst und Literatur erscheinen, wurden als Führer, Helfer oder Lehrer auf allen Ebenen betrachtet. Wie jeder Baum, so besitzt auch jedes Tier seine eigene Persönlichkeit, und die Kelten schmückten ihre Waffen, Werkzeuge, Stäbe und magischen Gegenstände mit Bildern von Tieren, um den Gegenständen dadurch mehr Kraft zu verleihen. Wenn Sie sich die Fähigkeit eines bestimmten Tieres aneignen wollen, sollten Sie ein Bild oder etwas von diesem Tier (Feder, Zahn etc.) bei sich tragen, damit seine Energie Ihnen dabei behilflich sein kann. Sobald Sie diese Fähigkeit verinnerlicht haben, werden Sie immer eine tiefe Verbindung mit diesem Tier behalten. Sie können das Bild dieses Tieres zum Beispiel in einen Stein meißeln, um es dadurch zu ehren. Alle Tiere haben eine Bedeutung und halten Lektionen bereit, ganz gleich, wie sie beschaffen sind, und genau das will die folgende keltische Geschichte zeigen.

Das Gleichnis vom Zaunkönig

Eines Tages versammelten sich alle Vögel, um denjenigen auszuwählen, der sie anführen sollte. Es wurde entschieden, dass derjenige, der am höchsten fliegen konnte, der König der Vögel werden sollte. Der Adler, vollkommen überzeugt davon, dass kein Vogel ihn übertreffen könne, erhob sich in die Lüfte. Er flog höher als der Spatz, der Falke oder sogar der Bussard. Nur um zu beweisen, wie viel besser er war, flog er, so hoch er konnte. Als er nicht mehr höher kam, rief er den anderen Vögeln zu: »Schaut mich an, ich bin der König.« In diesem Augenblick spürte er etwas auf seinem Rücken. Es war der kleine Zaunkönig, der sich vom Rücken des Adlers hoch in die Luft schwang und rief: »Nein, schaut meine Freunde, ich fliege höher.« Der Adler wurde so wütend, dass er den Zaunkönig mit seinen

Klauen packte und ihn auf die Erde zurückschleuderte. Das traumatisierte den Zaunkönig so sehr, dass er seitdem nicht mehr in der Lage ist, höher als ein Weißdornstrauch zu fliegen, und dennoch bleibt er für immer der König der Vögel.

Keltische Tiersymbolik

Die folgende Symbolik setzt sich aus den mythischen Geschichten über jedes Tier und aus der Beobachtung der jeweils charakteristischen Eigenschaften zusammen.

Gefiederte Tiere

Zur Zeit der Kelten gab es bestimmt viel mehr Wildvögel als heutzutage. Es ist bekannt, dass die Vögel bei den Kelten eine wichtige Rolle spielten, da sie sehr häufig auf den verschiedensten Kunstgegenständen dargestellt sind. Man findet das Bild des Vogels auf Steinen und Waffen, als Schriftmotiv und in der Literatur. Weiterhin ist bekannt, dass einige Kelten, ähnlich den Indianern, Federn trugen. Folgende Vögel waren in der keltischen Symbolik am wichtigsten:

Adler: Wenn auch nicht der König der Vögel, ist er doch ohne Zweifel ein Oberhaupt der Vögel. Tatsächlich wird er mit Führerschaft assoziiert. Nur ein Stammeshäuptling durfte eine Adlerfeder tragen. Sie war ein Zeichen für Autorität und hohes Ansehen, da der Adler höher flog und nistete als alle anderen Vögel. In keltischen Legenden wird der Adler oft als sehr alt und weise dargestellt, doch das Gleichnis des Zaunkönigs warnt vor der Gefahr von Stolz und Arroganz, wenn man sich in einer hohen Position befindet.

Krähe, Rabe und Elster: Hier handelt es sich um drei Vögel, die sehr häufig falsch interpretiert werden. In keltischen Legenden werden alle drei mit Krieg und Tod assoziiert, zum Teil deshalb, weil sie alle die Angewohnheit hatten, über die Schlachtfelder zu stolzieren und an den Toten zu picken. Jeder einzelne dieser Vögel hat unterschiedliche Charakteristika, aber ihre gemeinsame Botschaft ist Veränderung. Wenn Sie sich auf spiritueller Ebene mit diesen Vögeln beschäftigen, wird sich einiges in Ihrem Leben verändern. Oftmals verursachen Veränderungen Ängste, aber wenn Sie die richtige Haltung einnehmen, wird jede Veränderung immer eine Gelegenheit bieten, etwas zu lernen und daran zu wachsen. Tod bedeutet in diesem Zusammenhang einfach, das Alte loszulassen und das Neue zu umarmen.

Falke: Dieser Vogel wird oft in keltischen Legenden erwähnt. Der Falke wird mit Objektivität und Hellsichtigkeit assoziiert.

Schwan: In der Geschichte über die Kinder von *Lir* ist *Aoife* eifersüchtig auf ihre vier Stiefkinder und versucht, diese in hässliche Kreaturen zu verwandeln. Da die Kinder aber so rein sind, gelingt es ihr lediglich, sie in Schwäne zu verwandeln. Die Kinder behalten ihre Stimmen, singen die folgenden dreihundert Jahre für die Kranken und Sterbenden und bringen auf diese Weise große Freude und Trost zu den Menschen. Diese und andere keltische Geschichten zeigen, dass der Schwan mit Musik und Reinheit assoziiert wurde. Die Umhänge der Barden waren oftmals mit Schwanenfedern geschmückt. Es heißt auch, dass die Schwäne die Seelen der Verstorbenen sicher in die Unterwelt geleiten. Aus diesem Grund nehme ich immer eine Schwanenfeder mit, wenn ich eine Zeremonie für einen kürzlich Verstorbenen abhalte.

Eule: Da sie ein Nachtvogel ist, hat die Eule einen »dunklen« Ruf. In Wirklichkeit lehrt sie uns, das zu sehen, was andere nicht sehen können. Sie schenkt die Kraft der Einsicht und ermöglicht, sich von der dunklen Seite seiner Natur zu befreien.

Star: Der Star wird mit kriegerischen Energien in Verbindung gebracht, weil er von Natur aus anderen Vögeln gegenüber mit Aggression reagiert; damit ist er ein Symbol für Stärke und Macht.

Kleiner Hahn: In den keltischen Legenden hat er die Fähigkeit, bei Sonnenaufgang mit seinem Krähen die dunklen Geister der Nacht zu vertreiben. Er symbolisiert psychischen Schutz und die Auflösung von Negativität.

Amsel: Eine keltische Legende erzählt von den drei Amseln von *Rhiannon*, deren Gesang eine tiefe Trance auslöst, die es dem Zuhörer ermöglicht, ins Jenseits einzutreten. Den süßen Gesang der Amsel hört man besonders gut während der Dämmerung. Das ist die Zeit, in der die Schleier zwischen der realen Welt und der Anderswelt am dünnsten sind. Die Amsel ermöglicht somit einen Zutritt ins Jenseits.

Zaunkönig: Dieser winzige König der Vögel, der mit der riesigen Eiche assoziiert wird, war den Druiden heilig. Sein erstaunlicher Gesang diente der Weissagung, und daher galt er als Vogel, der Botschaften übermittelte. Die Druiden lauschten dem Gesang des Zaunkönigs mit größter Aufmerksamkeit und merkten sich alle Veränderungen in Tonfall und Tonhöhe; dann interpretierten sie den Gesang mittels ihrer Intuition und weissagten durch Zeichen und Omen.

Kranich/Reiher: Der Kranich galt als Hüter der Unterwelt und als Bewahrer tiefer Geheimnisse und tiefen Wissens. Der keltische Held *Manannán mac Lir* besaß einen Medizinbeutel aus Kranichhaut, der magische Schätze enthielt. Der Kranich wie auch der Reiher stehen für schamanische Reisen und den Zugang zur Anderswelt via magischer Seen.

Landtiere

Da die Kelten hauptsächlich ein Nomadenvolk waren, hatten sie vor allem Kontakt mit denjenigen Tieren, die das Land bevölkerten. Einige waren Haustiere, andere frei lebend, aber alle wurden hoch geschätzt. Die Tieropfer bei Festlichkeiten waren verbreitet, aber sie waren kein gedankenloser Akt, sondern eine rituelle Handlung, mit der wichtige Zeiten des Jahres gefeiert wurden. Zu diesen Anlässen aß man Tiere, doch die restliche Zeit über wurden sie in Ehren gehalten. Die heutige Massentierhaltung und -schlachtung und der tägliche Fleischkonsum wäre den Kelten barbarisch erschienen, als ein Akt primitiver Menschen, die keinerlei Verständnis für die Zusammenhänge der Welt und die Wichtigkeit des universellen Gleichgewichts haben. Ist es nicht eigenartig, dass die Kelten in der historischen Überlieferung als primitive Barbaren bezeichnet werden? Den Kelten waren alle Tiere heilig. Die Tiere des Landes wurden besonders geachtet, da die Kelten mit deren Charakteristika vertraut waren und mit ihnen kommunizierten.

Kuh und Stier: Beide galten bei den Kelten als heilige Tiere, wahrscheinlich unter anderem deshalb, weil die halluzinogenen »magischen« Pilze auf den gleichen Wiesen wuchsen, auf denen die Rinder weideten. Beide Tiere tauchen sehr oft in keltischen Legenden auf. Der Stier symbolisiert Kraft und Mut, während die Kuh für Ernte und das bedingungslose Geben der Natur steht.

Sau und Eber: Beide gelten als mächtige Wesen der Unterwelt und kommen in vielen keltischen Geschichten vor. Der Eber war bekannt für seine Wildheit und war daher ein mächtiger Verbündeter, während die Sau mit Cerridwen (auch die weiße Sau genannt) assoziiert wurde, aus deren »Kessel der Inspiration« Taliesin seine Weisheit erlangte.

Hirschkuh und Hirsch: Die Hirschkuh erscheint häufig in den Legenden der Fenier und wird als verzaubertes Tier bezeichnet, das eine starke Verbindung zur Anderswelt besitzt. Der Hirsch wird mit *Cernunnos*, dem gehörnten Herrn der Tiere, und mit *Herne,* dem Jäger, assoziiert. Herne ist der Führer der wilden Jagd; er treibt die Toten in die Unterwelt. Der Hirsch ist ein sehr mächtiges Totemtier mit einer starken Verbindung zum Schamanismus; auf dem berühmten Kessel von Gundestrup (Jütland, Dänemark) ist ein Schamane mit einem Geweih-Kopfschmuck abgebildet. Weiße Hirsche wurden auf Grund ihrer Seltenheit als besonders mächtig angesehen.

Jagdhund: Er ist vor allem als Jagdtier bekannt. Keltische Helden wurden auf ihren Abenteuern oft von Jagdhunden begleitet. Sie werden mit Spürsinn, scharfer Wahrnehmung und Kameradschaft assoziiert.

Pferd: Das Pferd spielte bei den Kelten eine wichtige Rolle, und das mutwillige Schinden eines Pferdes wurde mit dem Tod bestraft und löste sogar blutige Kämpfe aus. Pferde tauchen in den keltischen Legenden häufig auf; sie wurden mit den weiblichen Archetypen, *Epona* und *Rhiannon* assoziiert. Sie symbolisieren Schnelligkeit, Treue und Ausdauer.

Schlange (Natter): Sie war überall bekannt und wurde mit Wiedergeburt und dem Abstreifen alter Gedankenmuster assoziiert.

Bär: Obwohl es in den keltischen Ländern keine Bären mehr gibt und sie auch in den keltischen Legenden nicht erwähnt werden, findet man doch in der keltischen Kunst Darstellungen des Bären, und er gilt schon seit langem als Symbol der Kraft.

Wolf: Auch die Wölfe sind aus den meisten keltischen Gebieten verschwunden. Der Wolf wurde als der wilde

Vetter des Jagdhunds betrachtet und symbolisiert Intelligenz und Klugheit.

Katze: Zu Zeiten der Kelten war die Katze ein frei lebendes, ungezähmtes Tier; die Legenden beschrieben sie als wild, und man betrachtete sie als Schutztier. Wer den Mut besaß, sich mit diesem gefährlichen Tier anzufreunden, der hatte einen starken Verbündeten.

Dachs: Der Dachs ist hauptsächlich nachts aktiv; in der walisischen Geschichte von *Pwyll* und *Rhiannon* wird ein Dachs erwähnt, der als Führer in die Anderswelt agierte.

Fuchs: In manchen keltischen Werken wird er als der »satirische Fuchs« bezeichnet, und es scheint, als sei seine List und Klugheit den Kelten wohl bekannt gewesen.

Maus: Die Maus wird häufig in den keltischen Legenden erwähnt. Man assoziierte sie mit der Fähigkeit, sich bei Gefahr zu verstecken und Schönheit in den kleinen Dingen wahrzunehmen.

Wassertiere

Die Kelten waren großartige Seefahrer und Fischer. Sie hatten große Achtung vor dem Wasser, sei es Süß- oder Salzwasser, und für alle Wesen, die darin lebten. Für die Kelten bedeckten Meere und Seen die jenseitigen Welten, und Schamanen fanden ihren Zutritt zu anderen Bewusstseinsebenen oftmals über Seen, Flüsse, Teiche und Meere. Es gibt immer mehr Beweise dafür, dass die Kelten den Atlantik überquert haben; in diesem Fall haben sie das

Meer gewiss mit der gleichen Achtung behandelt wie das Land. Keltische Mythen und Legenden erzählen viel von Wassertieren, die als großartige Lehrmeister und mächtige Totems betrachtet wurden.

Lachs: Der Lachs wird als das älteste und weiseste aller Tiere betrachtet und in keltischen Legenden sehr häufig erwähnt. Seine Weisheit wird darauf zurückgeführt, dass er neun heilige Haselnüsse gegessen hatte. Die Menschen konnten entweder von ihm lernen, indem sie ihn aufsuchten oder ihn verspeisten.

Aal: In einigen keltischen Legenden werden Aale erwähnt, die sich in mächtige Waffen verwandeln konnten; deshalb werden sie mit Anpassungsfähigkeit und Schutz assoziiert.

Seehund: Die schottischen Geschichten über die »*Selkie*-Frauen« gehören zu den schönsten und zauberhaftesten der gesamten keltischen Folklore. Die Selkies waren Seehunde, die in besonderen Nächten ans Ufer kamen, um sich dort in wunderschöne Frauen zu verwandeln. Einige dieser Geschichten handeln von sterblichen Männern, die so krank vor Liebe waren, dass sie die Felle der Selkies versteckten, so dass diese nicht ins Meer zurückkehren konnten. Andere Geschichten erzählen von »Selkie-Frauen«, die von Sterblichen Kinder bekamen, was ihnen endlose Probleme bescherte. Es gab auch »Selkie-Männer«, die in ähnliche Situationen gerieten. Seehunde wurden als Führer der Seeleute und Fischer betrachtet und mit den dunklen Kräften der Tiefe assoziiert.

Otter: Für die Kelten waren die Otter magische Wesen, und es gibt verschiedene Geschichten über Reisende, denen von Ottern geholfen wurde. Sie symbolisieren Kameradschaft und Unterstützung.

Mythische Wesen

Die keltische Kultur ist reich an mythischen Wesen. In der keltischen Kunst findet man auch Mischungen aus verschiedenen Tieren. Es ist anzunehmen, dass der Künstler versucht hat, die symbolischen Charakteristika der unterschiedlichen Tiere in einer einzigen Form darzustellen. Wenn eine Gottheit zum Beispiel den Falken, den Widder und die Schlange als Totemtiere besaß, wurde sie vielleicht mit einer Kreatur an ihrer Seite dargestellt, die wie eine Schlange mit Widderkopf und Falkenschwingen aussah. Diese künstlerischen Kreationen sollte man nicht mit den häufig erwähnten, mythischen Wesen der keltischen Legenden verwechseln, die ihre ganz eigene Bedeutung haben.

Drache: Ausführlich in keltischen Legenden beschrieben, wird der Drache als beschützendes Tier und Wächter der Erde dargestellt.

Seeschlange: Oft fälschlicherweise als Drache bezeichnet, war die Seeschlange eine eigenständige Figur in den keltischen Legenden und galt als Wächter magischer Seen, die als Tore zum Jenseits interpretiert wurden.

Einhorn: Das Einhorn galt als das magischste aller Wesen und war immer ein Verbündeter der mächtigsten Zauberer und ein Freund der Bewohner der Anderswelt.

Mit Tierenergien arbeiten

Wenn Sie sich das nächste Mal im Freien befinden, dann achten Sie bewusst auf die Geschenke, die Tiere hinterlassen. Am häufigsten findet man Federn, aber ich habe auch schon Knochen, Tierschädel, Zähne und Geweihsprossen gefunden. Falls Sie auf solche Dinge stoßen, versuchen Sie herauszufinden, von welchem Geschöpf sie stammen. Studieren Sie dann die Eigenschaften dieses Tieres, um zu erkennen, was es Ihnen beibringen möchte. Ein solcher Fund ist kein bloßer Zufall. Sie ziehen lediglich das an, was für Sie bestimmt ist. Als ich anfing, mich mit Eulenmedizin zu beschäftigen, fand ich überall Eulenfedern. Als ich eines Tages im Wald spazieren ging, fand ich sogar einen ganzen Eulenflügel, der wohl von einem Raubvogel zurückgelassen worden war. Ich suche nicht nach diesen Dingen, sie tauchen einfach auf. Je mehr Sie sich mit Tierenergien beschäftigen, desto mehr wunderbare Schätze werden Sie anziehen.

Die Gestalt verändern

Wenn Sie sich von einem speziellen Tier angezogen fühlen und auf der spirituellen Ebene damit arbeiten wollen, ist die mentale Gestaltwandlung eine ideale Methode, um herauszufinden, was dieses Tier Ihnen beibringen kann. Die folgende Übung soll Ihnen zeigen, wie das funktioniert. Je mehr Sie üben, desto besser werden

Sie. Begeben Sie sich an einen ruhigen Ort. Setzen oder legen Sie sich hin, schließen Sie die Augen, und stellen Sie sich vor, wie tiefe Wurzeln von Ihrem Körper in die Erde wachsen. Das wird Sie davor bewahren »abzuheben«. Visualisieren Sie nun eine Schutzhülle aus weißem Licht um sich herum. Stellen Sie sich vor, wie Sie aus Ihrem Körper herausschweben und an einen anderen Ort gezogen werden. Sobald Sie dort ankommen, fühlen Sie, wie Sie die Gestalt des Tieres annehmen, von dem Sie lernen wollen. Erforschen Sie Ihre neue Umgebung aus dieser ungewohnten Perspektive. Falls Sie anderen Artgenossen begegnen, können Sie mit ihnen kommunizieren. Merken Sie sich alles, was geschieht und was Sie wahrnehmen. Wenn Sie bereit sind, erlauben Sie Ihrem physischen Körper, Sie zurückzuholen. Ruhen Sie sich eine Weile aus, und notieren Sie dann alles, was Sie erfahren haben. Einiges wird eine offensichtliche Bedeutung haben, anderes mag Ihnen absurd vorkommen. Versuchen Sie gar nicht erst, alles sofort zu verstehen. Ich habe selbst erlebt, dass vieles, was ich in diesen Zuständen erfahren hatte, erst dann deutlich wurde, als ich meine Notizen nach Wochen oder sogar Monaten wieder las. Je mehr ich lerne und je mehr Einsichten ich gewinne, desto klarer erscheinen die Dinge.

Wenn Sie etwas nicht verstehen, dann lernen und suchen Sie weiter, und Sie werden die Antworten automatisch anziehen.

3
Die Weisheit der Kräuter

Die Natur versorgte die Kelten mit allem, was sie brauchten, von der Nahrung über die Bekleidung bis hin zu Medizin und Baustoffen und dem Wissen, wie man in Harmonie und Gleichgewicht lebt. Großmutter Erde war ihre große Versorgerin. Sie schenkte Leben, Nahrung und Weisheit. Die Lehren müssen sehr tiefgründig gewesen sein, da sie die Kelten zu wunderbarsten künstlerischen Arbeiten inspirierten. Darüber hinaus besaßen die Kelten ein grundlegendes Verständnis für ihre Umwelt und eine starke spirituelle Verbindung zur Natur, die wir offenbar verloren haben. Die Geschichten über die Kommunikation der Kelten mit der Schöpfung scheinen unglaublich. Handelt es sich hierbei um Märchen, oder besaßen die Kelten tatsächlich ein Wissen, das uns verloren gegangen ist? Ich denke, Letzteres ist der Fall.
Weltweit wurde festgestellt, dass die Stämme, die in traditioneller Weise leben und sich von den Einflüssen der westlichen Zivilisation fern halten, offenbar weniger oder gar nicht krank werden. Der Hauptgrund dafür scheint ihre Ernährung zu sein. Die Natur versorgt jedes Gebiet mit genau den Lebensmitteln, die dessen Bewohner brauchen, um gesund und vital zu bleiben. Das Problem liegt darin, dass der moderne Mensch in dieses Gleichgewicht eingegriffen hat, um seine Gier zu befriedigen. Die Menschen haben viele Lebensbereiche zerstört, in denen die

natürlichen Vertilger der Schädlinge lebten, die ihre Feldfrüchte befielen. Mit diesem Eingriff wollte man mehr Platz schaffen, um anbauen zu können. Man begann, die Feldfrüchte mit synthetischen, chemischen Mitteln zu besprühen, um die Schädlinge fern zu halten. Das führte wiederum zu einem noch größeren Ungleichgewicht und verwandelte unsere Nahrungsmittel in giftigen, chemischen Abfall.
Die Landwirte behandelten die Feldfrüchte auch mit chemischen Düngemitteln, um auf diese Weise größere Früchte zu produzieren, und machten sie dadurch nur noch ungeeigneter für den menschlichen Verzehr. Zurzeit wird eine neue Technik erprobt, bei der man die DNA von arktischen Fischen in Pflanzen injiziert, um sie frostbeständig zu machen. Wann wird die Menschheit begreifen, dass alle diese Eingriffe ein Ungleichgewicht für Mensch und Natur erzeugen? Etwa neunzig Prozent aller Lebensmittel, die in den Geschäften erhältlich sind, eignen sich nicht für den menschlichen Verzehr. Diese Nahrungsmittel sind voll von synthetischen Konservierungsstoffen, Geschmacksverstärkern, Farbstoffen, Süßungsmitteln und anderen giftigen Zusätzen; es ist ein Wunder, dass wir damit so lange überlebt haben. Es ist allerdings kein Wunder, dass Krankenhäuser und Behandlungszimmer der Ärzte voll von kranken Menschen sind.
Schlechte Essgewohnheiten sind in der modernen westlichen Gesellschaft die häufigste Krankheitsursache.
Tropische Früchte wachsen in heißen Klimazonen. Eine Orange trägt natürliche Substanzen in sich, die einen kühlenden Effekt auf den menschlichen Körper haben. Orangen regen den Organismus an, Flüssigkeit zu spei-

chern, und das ist in einem heißen Land auch durchaus sinnvoll. Die überschüssige Flüssigkeit wird ausgeschwitzt, und die kühlenden Substanzen schützen den Körper vor Überhitzung. Wenn Sie jedoch in einem gemäßigten Klima mitten im Winter eine Orange essen, dann kühlen Sie Ihren Körper nur noch mehr ab und überschwemmen ihn mit Flüssigkeit, die er nicht ausschwitzen kann. Dadurch verliert der Körper sein natürliches Gleichgewicht und ist dem Angriff von Bakterien und Viren ausgeliefert. Jahr für Jahr treten nach Weihnachten gehäuft grippale Infekte und andere Epidemien auf, nicht zuletzt wegen des übermäßigen Konsums von Lebensmitteln, die nicht der Jahreszeit angemessen sind.

Ein weiteres Problem, das die Kelten nicht hatten, ist unsere Sucht nach Zucker und Wasser. Zucker ist ein starkes Suchtmittel, ein raffiniertes Produkt, das unser Immunsystem schwächt. Schon hundert Gramm Zucker, auf einmal eingenommen, verursachen ein enormes Ungleichgewicht im Blutzuckerspiegel des Körpers. Das bedeutet, dass die Bauchspeicheldrüse unglaubliche Mengen an Insulin ins Blut pumpen muss, um das Gleichgewicht wiederherzustellen. Dies wiederum verbraucht große Mengen an Energie, die normalerweise dazu verwendet werden, ein gesundes und widerstandsfähiges Immunsystem aufrechtzuerhalten. Zucker ist pures Gift für den Körper; er wird den meisten industriell hergestellten Nahrungsmitteln beigefügt. Zucker befindet sich in Süßigkeiten, Kuchen, Soßen, geräuchertem Fisch, Dosenprodukten, Keksen, Pizza, Desserts und Zerealien, um nur einige Produkte zu nennen. Die erste Maßnahme, um unsere internationale Gesundheitskrise zu beenden, sollte darin bestehen, mit

dem Zuckerkonsum aufzuhören. Das bedeutet keine Reduzierung, sondern völlige Abstinenz. Zucker macht derartig süchtig, dass es den meisten Menschen unmöglich erscheint, ihn in Maßen zu sich zu nehmen (damit ist ein- oder zweimal jährlich gemeint).
Nun zum Wasser. Ich bin nicht wenig erstaunt über die Mengen an Wasser, mit denen wir unseren Organismus überschwemmen. Menschen sind die einzigen Lebewesen, die aus sozialen Gründen trinken. Alle anderen Geschöpfe nehmen nur dann Flüssigkeit zu sich, wenn sie Durst haben. Wenn Sie zu viel trinken, dann schwellen Ihre Nieren an und können nicht mehr richtig funktionieren. Das bedeutet, dass sie nicht mehr so effektiv entgiften, wie sie sollten. Dadurch bleibt der Großteil der chemischen Gifte der Nahrung in Ihrem Organismus, und Sie werden geschwächt.
Wenn Sie eine echte Verbindung mit Ihrer Umgebung anstreben, wie unsere keltischen Vorfahren sie hatten, dürfen Sie nur natürliche, ökologisch angebaute Lebensmittel der jeweiligen Saison zu sich nehmen. Das bedeutet in einem gemäßigten Klima, vor allem im Winter, eine hauptsächliche Ernährung durch Getreide und Wurzelgemüse. Sie werden überrascht sein, welche Vielfalt an Getreide- und Gemüsesorten in einem gemäßigten Klima wachsen; sogar eine bestimmte Reisart kann in Europa angebaut werden. Sie sollten nur Früchte der Saison verzehren; wenn Sie oft tropische Früchte essen wollen, dann sollten Sie dort leben, wo diese natürlicherweise wachsen.
Nahrung, die den Jahreszeiten der jeweiligen Klimazone entspricht, ist für alle Stammeskulturen, die auf traditionelle Weise leben, wesentlich. Dieser Faktor beschert

genau die Verbindung zur Natur, die uns fehlt. Die Kelten waren sich dieser Zusammenhänge bewusst. Wenn Sie mit Ihrer Umwelt, mit den Pflanzen und Geschöpfen kommunizieren wollen, dann müssen Sie sich mit ihnen auf einer Wellenlänge befinden. Wenn Sie Nahrung zu sich nehmen, die Ihr Gleichgewicht stört, dann verlieren Sie diese Verbindung.

Seit ich diese Einsicht gewonnen und in mein Leben mit einbezogen habe, bin ich fortwährend erstaunt über die Verbindungen, die sich mir eröffnen, und den Zugang, den ich zu Dingen habe, die mir früher gar nicht aufgefallen sind. Ich habe eine nahezu perfekte Gesundheit, und meine Lernfähigkeit hat sich außerordentlich verbessert. Ich weiß aus eigener Erfahrung, dass eine gesunde Ernährung wesentlich für jeden spirituellen Weg ist, der die Schöpfung ehrt. Die Verbindung der Kelten zur Natur war ganz und gar nicht außergewöhnlich. Sie war einfach natürlich. Wir haben lediglich die Fähigkeit verloren, uns bewusst zu ernähren und dementsprechend zu leben.

Ich halte keine strenge Diät ein, sondern ich esse genau das, was ich will. Was mir heute schmeckt, unterscheidet sich allerdigs völlig von dem, was ich früher gegessen habe. Mittlerweile nehme ich nur noch Lebensmittel aus ökologischem Anbau zu mir, darunter viel frisches Gemüse der Saison, Getreide, Hülsenfrüchte, Obst der Saison, biologisches Fleisch sowie Tiefsee- und Süßwasserfische (keine Schalentiere, da diese zu sehr mit Schadstoffen belastet sind). In den seltensten Fällen esse ich industriell hergestellte Nahrungsmittel, und ich vermeide diejenigen, die Giftstoffe wie Zucker und chemische Zusätze enthalten. Außerdem trinke ich nur, wenn ich Durst habe, und nur so viel, wie ich benötige, um meinen Durst zu stillen. Diese Lebensweise hat die Herausforderungen in meinem Leben nicht reduziert. Ganz im Gegenteil. Der Unterschied liegt darin, dass ich diese Herausforderungen jetzt mit Freude annehmen kann und immer offen bin, etwas zu lernen. Ich lebe wie meine keltischen Vorfahren jeden Augenblick im Bewusstsein meiner Verbindung zur Schöpfung. Ich verwende dieses Wissen als Grundlage für meine Medizin, weil ich glaube, dass Nahrung ein Hauptbestandteil unserer Existenz ist. Wenn wir nichts essen, dann sterben wir. Ich habe an meinen Klienten einige Wunder erlebt, wobei ich nicht mehr dazu beitrug, als ihnen zu zeigen, wie man sich richtig ernährt. Das ist eine der einfachsten Weisheiten; sie ist uns nur durch die Gier der westlichen Zivilisation abhanden gekommen. Ernährung gewährleistet Überleben, und eine gesunde Ernährung trägt zu einem glücklichen und gesunden Leben bei.

Keltische Kräuterkunde

Kräuter und Nahrung sind untrennbar miteinander verbunden, da beide die Biochemie des Körpers beeinflussen. Zweifellos nahmen die Kelten viele Kräuter und andere Pflanzen als Nahrung zu sich. Kräuter besitzen sehr starke Heilkräfte. In der modernen medizinischen Pflanzenheilkunde werden Kräuter als Alternative für chemische Medikamente eingesetzt. Viele moderne Kräuterkundige versuchen, ganzheitlich zu behandeln, aber da viele unserer modernen Krankheiten das Ergebnis falscher Ernährung sind, ist dieser Versuch fast genauso unsinnig, als würde man die Stalltüre schließen, nachdem das Pferd schon davongelaufen ist.

Die Kelten praktizierten, wie ich das nenne, »traditionelle Kräuterkunde«. Diese war und ist sehr verschieden von der heutigen medizinischen Kräuterkunde. Sie kann nur von jemandem praktiziert werden, der sich im Gleichgewicht befindet und gesund ist, da die Behandlung mit Kräutern sehr stark von der Intuition geleitet wird. Außerdem geht die »traditionelle Kräuterkunde« davon aus, dass jede Pflanze ihren eigenen »Geist« oder ihre eigene Energie hat, mit der man kommunizieren und von der man lernen kann.

Die ehemaligen keltischen Kräuterkundigen besaßen keine Handbücher, sondern sie verließen sich ganz auf ihre Intuition. Wenn jemand mit einem Problem zu ihnen kam, hörten sie aufmerksam zu und stimmten sich in das zu Grunde liegende Ungleichgewicht des Hilfe Suchenden ein. Dann sammelten sie Kräuter der Umgebung, indem sie sich von ihrer Intuition leiten ließen. Sie kommunizierten mit den Pflanzen und fragten, wie diese am wirksamsten einzusetzen seien, um das Gleichgewicht des Klienten wiederherzustellen. Diese Art der Kräuterkunde ist heutzutage sehr selten geworden.

Die Problematik, mit der die damaligen Kräuterkundigen konfrontiert wurden, war mehr spiritueller als physischer Natur, da sich die Menschen auf Grund ihrer Ernährungsweise weitaus mehr in Harmonie mit ihrer Umwelt befanden. Pflanzen wurden als Lehrmeister betrachtet, insbesondere den halluzinogenen und bewusstseinsverändernden Pflanzen schrieb man große Weisheit zu. Sie wurden mit äußerster Vorsicht und Achtung behandelt und nie zu Unterhaltungszwecken missbraucht. Alles, was die Kraft hat, Gutes zu vollbringen, besitzt auch die gegenteilige Kraft, viel Schaden anzurichten. Je größer die Weisheit einer Pflanze ist, desto größer ist die Gefahr für den Anwender. Halluzinogene Pflanzen wurden sehr selten und nur von sehr fortgeschrittenen Schamanen verwendet. Einige dieser Pflanzen wurden vielleicht nur ein- oder zweimal im Leben eingenommen, und das auch nur nach gewissenhafter Vorbereitung und in einem zeremoniellen Rahmen. Es gab Pflanzen, die so mächtig waren, dass eine Vorbereitung Jahre dauern konnte. Ich habe von Leuten gehört, die einige der weniger gebräuchlichen keltischen halluzinogenen Pflanzen einnahmen und daraufhin Selbstmord begingen oder den Rest ihres Lebens in einer psychiatrischen Anstalt verbringen mussten.

Alle Kräuter sollten ausschließlich für spirituelle Zwecke und nur von gesunden, ausgeglichenen Menschen angewendet werden. Sogar Kräuter in Form von Räucherwerk können bei ungesunden Menschen eine unerwünschte Reaktion hervorrufen. Kräuterkunde ist eine Kunst, kein Hobby. Es bedarf vieler Jahre des Übens und der Arbeit an sich selbst, bevor man sich und andere damit behandeln kann. Ich kenne Menschen, die sich mit einer unsachgemäßen Behandlung sehr geschadet haben. Bei einer meiner Klientinnen bedurfte es sogar eines operativen Eingriffs, nachdem sie sich mit Kräutern hatte kurieren wollen, ohne dafür professionelle Hilfe in Anspruch zu nehmen. Der einzig sichere Weg, um mit Pflanzen zu arbeiten, besteht darin, deren jeweiligen Schutzgeist um Hilfe zu bitten. Anleitungen dazu finden Sie am Ende dieses Kapitels.

Die Kelten waren auch sehr geschickt in der Zubereitung von Färbemitteln und Tinte, die sie aus Pflanzenextrakten herstellten. Diese Farben wurden zur Körperbemalung, zum Schreiben, Malen und als Färbemittel für Kleidung und zeremonielle Gewänder verwendet. Das bekannteste aller keltischen Färbemittel ist Waid, eine tiefblaue Farbe, die man aus den grünen Blättern der Waidpflanze extrahierte und als Körperfarbe für Rituale und Kämpfe verwendete. In diesem Extrahierungsprozess war es erforderlich, die Blätter in abgestandenem Urin zu gären. Es hieß, dass die Bemalung mit Waid die Herzen der Feinde mit Schrecken erfüllte, und falls das nicht zutraf, bin ich überzeugt, dass der Geruch allein sie umgebracht hätte. Die kräftige blaue Farbe, die man aus Waid gewann, wurde als Schutzfarbe betrachtet. Krieger und auch Schamanen bemalten damit ihre Körper vor einem Kampf – die Krieger vor physischen und die Schamanen vor spirituellen Kämpfen.

Im Anschluss finden Sie eine Liste der Kräuter, die zu Zeiten der Kelten gebräuchlich waren. Keines dieser Kräuter sollte innerlich oder äußerlich ohne die Anleitung eines qualifizierten Kräuterkundigen angewendet werden. Die gibt es überall auf der Welt. Diese Kräuterkundigen sollten Mitglieder eines Verbandes sein, der einen ethischen Kodex hat, und sie sollten ihre Erfahrungen und Qualifikationen bereitwillig angeben.

Die wichtigsten Kräuter der Kelten

Ampfer: Da diese Pflanze sehr eisenhaltig ist, wurde sie mit kriegerischen Energien assoziiert.

Bärentraube: Diese Pflanze sollte nicht innerlich angewendet werden. Sie wird mit der Energie des Bären assoziiert, der leider in den meisten Gebieten der früheren keltischen Länder ausgestorben ist.

Benediktenkraut: Diese Pflanze galt als heiliges Kraut. Die Kelten glaubten, dass ein Bad im Saft einer ausgekochten Benediktenkrautwurzel vor Schlangen schütze; daher sein volkstümlicher Name »Verderben der Schlange«. Das Benediktenkraut wurde hauptsächlich für schützendes Räucherwerk und entsprechende Amulette verwendet.

Betonie (Ziest): Dieses Kraut galt bei den Kelten als heilig und wurde vor schamanischen Reisen verwendet, um den Geist zu klären und zu stärken.

Borretsch: Die blauen Blüten dieser Pflanze symbolisierten – ähnlich wie der Färberwaid – Mut, Kraft und Schutz. Die Kelten tranken vor wichtigen Unternehmungen (zum Beispiel vor einem Kampf oder einer Initiation) einen Tee aus Borretschblüten und -blättern.

Brennnessel: Wegen ihrem Brennen wurde diese Pflanze mit der Energie der Schlange und mit Wiedergeburt assoziiert.

Eisenkraut: Abgeleitet von dem keltischen Wort *ferfaen*. *Fer* bedeutet »reinigen«, und *faen* bedeutet »Stein«. Die Druiden verwendeten Eisenkraut, um Steinaltäre und Steinkreise von Negativität zu reinigen.

Farn: Das Einstimmen auf die Energie dieser Pflanze ermöglichte einen Zugang zur Anderswelt.

Gänseblümchen: Man verwendete es zusammen mit Schafgarbe, um den Schock von Kriegsverletzungen zu lindern; diese strahlende Blume wurde mit der Kraft der Sonne assoziiert.

Hagebutte (Heckenrose): Diese in Europa angesiedelte wilde Rose mit ihren fünfblättrigen Blüten war der Göttin des Waldes geweiht. Aus ihren Hagebutten wurde für die Festlichkeiten anlässlich der Herbst-Tag-und-Nacht-Gleiche ein heiliger Wein bereitet.

Hopfen: Der Hopfen wurde mit dem Wolf assoziiert. In der keltischen Mythologie regierte der Wolf den Winter. Er war besonders am Februarvollmond sehr mächtig.

Huflattich: In getrocknetem Zustand ist dieses Kraut auch als »englischer Tabak« bekannt; Schamanen verwendeten es in Rauchmischungen zur Bewusstseinsveränderung.

Johanniskraut: Es wurde im Hochsommer geerntet und für magische Zwecke verwendet; Johanniskraut besitzt reinigende und schützende Kräfte.

Klee: Das gewöhnliche dreiblättrige Kleeblatt war der dreigestaltigen Göttin geweiht. Das seltene vierblättrige Kleeblatt war hilfreich, um sich in die Energien der vier Elemente einzustimmen.

Löwenzahn: Er wurde als Sonnenschutz verwendet, da er seine Blütenblätter in der heißesten Zeit des Tages schließt. Die weißen, flaumigen Früchte wurden mit den Kräften des Mondes in Verbindung gebracht. In der Pflanze kam also symbolisch das Gleichgewicht zwischen solaren und lunaren Energien zum Ausdruck.

Melisse (Zitronenmelisse): Sie wurde bei magischen Ritualen verwendet, um den Geist zu klären und mit der Kraft des Mondes in Verbindung zu treten. Melisse verbindet einen mit der Energie des Wassers (siehe Kapitel 8).

Schafgarbe: Man verwendete sie im Sommer, um sich auf die maskulinen Energien einzustimmen. Schafgarbe wurde entweder als Tee getrunken oder getrocknet und dann geraucht.

Schierling: Diese Pflanze gilt als sehr gefährlich; bei den Kelten wurde sie als Halluzinogen verwendet, um astrale Reisen einzuleiten. Der Unterschied zwischen der narkotischen und der tödlichen Dosis ist jedoch sehr gering. Die in der Pflanze enthaltenen Alkaloide paralysieren die natürlichen Körperfunktionen, was zu Atemstillstand und damit zum Tod führen kann. Währenddessen ist der Geist bei vollem Bewusstsein, was den Tod noch schrecklicher macht. Wenden Sie diese Pflanze auf keinen Fall selbst an!

Schlüsselblume (Primel): Bei den Druiden galt diese Pflanze als heilig. In dem keltischen Gedicht *Der Stuhl des Taliesin* wird ein Initiationstrunk beschrieben, der aus Schlüsselblumen und Eisenkraut zubereitet wurde. Die Druiden verwendeten Primelöl zur Reinigung des Körpers.

Schneeglöckchen: Sie blühen zur Zeit des Imbolc-Festes. Die Druiden verwendeten diese Blumen bei ihren Ritualen, um das Ende des Winters zu kennzeichnen.

Schöllkraut: Diese wilde Frühlingsblume wurde an den Ostara-Festen ins Feuer geworfen; die gelbe Blüte symbolisierte die zunehmende Kraft der Sonne.

Spierstaude (Mädesüß): Zusammen mit Wasser-Minze und Eisenkraut war die Spierstaude eine der drei heiligsten Kräuter der Druiden. Ihr süßer Geschmack klärt den Geist und eignet sich zur Einnahme vor einer Meditation.

Thymian: Thymian wird mit der Energie des Kriegers assoziiert. Die Bewohner des schottischen Hochlands (Highlander) tranken Thymiantee, um an Kraft und Mut zu gewinnen.

Wacholder: Dem Wacholder wurden folgende Heileigenschaften zugeschrieben: Er verbannte Negativität und half, die Vergangenheit loszulassen.

Waid: Männer wie Frauen verwendeten ihn als Färbemittel bei Ritualen.

Wasser-Minze: Eine heilige Pflanze der Druiden; Wasser-Minze ist mit den geistigen Hütern heiliger Quellen und Flüsse verbunden.

Die Ernährung umstellen

Werfen Sie einen kritischen Blick auf Ihre Ernährungsweise. Wie viel von dem, was Sie essen, dient tatsächlich Ihrer Ernährung, und wie viel davon dient nur der Befriedigung Ihrer Süchte? Achten Sie darauf, sich im Einklang mit Ihrer Umgebung zu ernähren, und richten Sie sich bei der Wahl Ihrer Lebensmittel nach den Jahreszeiten. Die meisten Geschäfte bieten das ganze Jahr über eine große Vielfalt an verschiedenen Gemüsesorten an, so dass Sie sich erkundigen müssen, welche davon der jeweiligen Jahreszeit entsprechen. Essen Sie häufiger Vollwertnahrung aus ökologischem Anbau anstatt chemisch behandelte Nahrungsmittel, und nehmen Sie genug Kohlenhydrate für Ihren Energiehaushalt zu sich. Am besten eignet sich dafür biologischer brauner Reis. Weitere effektive Kohlenhydratspender sind Getreideprodukte wie zum Beispiel Brot, Haferflocken (in Form von Haferbrei), Couscous, Hirse, Bulgur und Buchweizen, die für die meisten Menschen gut verträglich sind. Nudeln sind eine verarbeitete Form von Kohlehydraten, aber dennoch ein sehr guter Energielieferant für den Körper. In den meisten Teilen der westlichen Welt wurde die Landschaft so verfälscht, dass es fast unmöglich geworden ist, das zu sich zu nehmen, was natürlicherweise in der Umgebung wächst, da das meiste davon nicht mehr vorhanden ist. Stimulierende Getränke wie schwarzer Tee und Kaffee sollte man nur in Maßen zu sich nehmen, und der Konsum von Zucker sollte völlig eingestellt werden (das ist nicht gerade einfach, wenn Sie bereits süchtig sind). Es gibt eine ganze Menge gesunder und natürlicher Süßungsmittel. Lernen Sie auch wieder, Ihre Nahrung frisch zuzubereiten, anstatt sie lediglich in der Mikrowelle aufzuwärmen. Kochen Sie mit viel Liebe – Sie werden bald die Vorteile bemerken. Nehmen Sie sich Zeit für die Veränderung. Es ist nicht klug, die Ernährung ohne Anleitung radikal umzustellen, aber der gänzliche Verzicht auf Zucker ist ratsam. Natürliches Malz und Sirup sind ebenso süß und weitaus gesünder.

Sich auf Pflanzenenergien einstimmen

Es ist ganz einfach, sich auf die Energien von Pflanzen einzustimmen. Sie brauchen dazu lediglich physischen Kontakt mit der Pflanze und die Ruhe zur Meditation. Jede Pflanze besitzt einen Schutzgeist, eine Energieform, welche die Kraft und Weisheit der Pflanze bewahrt. Vielleicht entsteht während Ihrer Meditation eine bildliche Vorstellung dieses Wächters. In diesem Fall können Sie Fragen an ihn stellen. Sie werden überrascht sein, welche Antworten Ihnen in den Sinn kommen. Pflanzen findet man überall, aber nach meiner Erfahrung erzielt man die besten Resultate in entlegenen Gebieten, die nicht durch Verkehr und Zivilisation gestört sind. Andererseits habe ich auch Freundschaft mit wundervollen Bäumen geschlossen, die in Parkanlagen und auf Spielplätzen stehen. Ich empfehle Ihnen, den nächsten Baum, den Sie sehen, zu umarmen. Dr. Edward Bach, der bekannte Erfinder der »Bachblüten-Medizin«, stimmte sich auf die Energien von Blumen ein, indem er sich ein Blütenblatt auf die Zunge legte. Möglicherweise wollen Sie das ausprobieren – essen Sie jedoch keine Pflanzen, die Sie nicht kennen, denn einige können auf den Magen schlagen.

Die Weisheit der Pflanzen ist sehr subtil, und vielleicht dauert es eine Weile, bis Sie verstehen, was die Pflanze Ihnen beizubringen hat. Beachten Sie die verschiedenartigen Pflanzen, die von Jahreszeit zu Jahreszeit erscheinen. Wenn ich eine große Anzahl an Blumen sehe, bitte ich manchmal um Erlaubnis, einige von ihnen für meinen Altar mitnehmen zu dürfen. Zu den Festzeiten sammle ich immer wild wachsende Kräuter (zum Beispiel wilder Knoblauch und Weißdorn im Frühling), damit sie mir beim Übergang der Jahreszeiten helfen. Beschäftigen Sie sich mit dem Pflanzenreich, es ist eine faszinierende, wunderschöne, erleuchtende Welt.

4
Die Weisheit der Steine

Tief in Ihrem eigenen Innern liegt die gesamte Erinnerung an das, was Sie bisher in Ihrem Leben erfahren und gelernt haben. Vieles davon haben Sie längst vergessen, doch dieses Wissen geht nicht verloren, es ist in Ihrem Unterbewusstsein gespeichert. Kinder, die unter vier Jahre alt sind, können sich oftmals an die Zeit im Bauch ihrer Mutter und den Augenblick ihrer tatsächlichen Geburt erinnern. Einige Kinder haben sogar Erinnerungen an ihre vorherigen Leben. Diese Erinnerungen verlieren sich normalerweise, sobald die Kinder in die Schule gehen. Deshalb gibt es Kinder, die mit außergewöhnlichen Talenten zur Welt kommen und Weisheiten von sich geben, die ihrem Alter unangemessen sind.

Auch Ihre DNA enthält Erinnerungen, genetische Erinnerungen Ihrer Vorfahren, die bis zum Beginn menschlicher Existenz zurückreichen. Ihre Seele enthält alle Informationen ihrer Reise seit ihrer Entstehung. Stellen Sie sich vor, Sie hätten Zugang zu der ganzen Weisheit, die Sie durch all Ihre Erfahrungen gewonnen haben.

Einige der ältesten Erinnerungen dieses Planeten befinden sich in Felsen und Steinen. Ein Fels braucht Tausende bis Millionen von Jahren, um sich zu formen, und er braucht auch genau so lange, um wieder zu zerfallen. Folglich besitzen Felsen die ältesten Erinnerungen dieses Planeten. Die Kelten hielten sie für die Wächter der tiefsten und ältesten Weisheit und verehrten sie deshalb sehr. Die Kelten kommunizierten mit der gesamten Schöpfung, also auch mit Felsen und Steinen, und brachten ihnen Gaben dar und stimmten sich auf deren Weisheit ein. Diese Art der Kommunikation erfolgte nicht verbal, sondern durch Gedanken und Gefühle.

Heilige Stätten und Steinkreise

Die vorkeltischen Stämme in England und Nordfrankreich wussten über die Weisheit und Kraft der Steine Bescheid. Sie bauten Steinhügel und Steinkreise an Orten, die als heilig galten. Diese heiligen Orte, die meist eine besondere Ausstrahlung haben, gibt es auf der ganzen Welt. Man findet sie auf Berggipfeln und Hügeln, an Seen und Quellen, in Wäldern und Ebenen. Sie haben eine starke Energie, die das Bewusstsein verändern kann. Solche heiligen Stätten gibt es schon seit Anbeginn der Zeit. An diesen Orten ist die Erdenergie besonders stark und hat eine ausgleichende Wirkung. Oft befinden sie sich an den Knotenpunkten zusammenlaufender Energiebahnen, und dort können sich starke Heilkräfte aufbauen. Diese Energiebahnen sind eine Art Akupunktur-Meridiansystem der Erde und haben Zentren, ähnlich den Akupunkturpunkten. Es heißt, die Erde habe ihr eigenes Energiesystem, das durch die Energiebahnen hindurchfließt. Diese Bahnen können sich tief im Boden oder nahe der Erdoberfläche befinden. Diese Orte sind besonders für spirituelle Arbeit geeignet, da die Energien sehr heilsam und ausgleichend wirken.
Die vorkeltischen Kulturen wussten bereits, dass das Er-

richten von Kammern und Steinkreisen an solchen Orten hilfreich war, um diese Energien nutzbar zu machen. Später wurden in England viele dieser Stätten zerstört und Kirchen darauf gebaut. Man kann es spüren, wenn eine Kirche auf einer ehemaligen Kultstätte erbaut wurde. Eine starke Energie geht von solch einem Platz aus – wie zum Beispiel von Stonehenge. Kirchen, die nicht auf einem dieser Plätze errichtet wurden, fühlen sich oft leblos oder verwaist an.

Da die Kelten die Kraft der heiligen Orte kannten und die Hügelgräber und Steinkreise von ihren Vorfahren geerbt hatten, wussten sie natürlich damit umzugehen. Die Ausrichtung dieser Stätten war von großer Bedeutung, und man besuchte sie regelmäßig, manche sogar täglich.

Bei einem Besuch von Stonehenge oder Glastonbury Tor kann man Menschen beobachten, die dort unterschiedliche Zeremonien abhalten. Sie sind sich der Kraft dieser Orte bewusst und arbeiten mit diesen Energien, um Veränderungen in ihrem Leben zu bewirken. Diese Zeremonien sehen oft wie gewöhnliche Gebete aus, sind aber durchaus wirkungsvoll.

Ich hatte die großartige Gelegenheit, in Stonehenge im Beisein eines Indianers und fünfundzwanzig weiterer Teilnehmer eine Zeremonie abhalten zu dürfen. Das Ritual fand in der Dämmerung statt, nachdem der Steinkreis für die Öffentlichkeit geschlossen worden war. »English Heritage«, die Organisation, die diese Kultstätte betreut, gab uns die Erlaubnis dazu. Dieser Tag hatte keine besondere Bedeutung im Jahreskreis, wurde aber für uns zu einem ganz besonderen Tag. Die Erfahrungen, die jeder Einzelne von uns gemacht hat, sind zu umfangreich, um sie hier wiederzugeben. Jeder Teilnehmer wurde von der Energie dieses Ortes erfasst. Wir alle verloren unser Zeitgefühl (was wie dreißig Minuten schien, dauerte in Wirklichkeit vier Stunden), und als wir zusammen sangen, hatten wir eine Akustik wie in einer Kathedrale. Es war ein tiefes Erlebnis, das ich niemals vergessen werde.

Heilige Stätten und Steinkreise sind »aufgeladene« Plätze und für spirituelle Arbeit angelegt. Alles, was Sie für diese Arbeit brauchen, ist ein offenes und ehrliches Herz. Tun Sie einfach, was Sie fühlen, und überlassen Sie alles andere der Energie und den Steinen. Es ist etwa so, wie wenn man ein Lied aufnehmen möchte; man kann einen tragbaren Kassettenrekorder verwenden oder in ein Tonstudio gehen. Das Endergebnis wird jeweils sehr unterschiedlich klingen. Die erste Aufnahme ist die Rohfassung und Letztere die vollendete Version. Die Arbeit an einem heiligen Ort bewirkt eine Reinigung und Verstärkung Ihrer Gebete und Wünsche.

Es gibt keinen Zweifel, dass Steinkreise zu diesem Zweck aufgesucht wurden. Die lang gestreckten Kammern der Hügelgräber wurden nicht nur als Grabstätten verwendet. Die Tatsache, dass Archäologen dort Knochen gefunden haben, verleitete einige von ihnen zu der Annahme, dass diese Plätze nur die Begräbnisstätten hoch gestellter Persönlichkeiten waren. Das ist lediglich eine Mutmaßung. Da ich an diesen Kultstätten gearbeitet habe, weiß ich, dass es sich um Plätze mit besonderen Kräften handelt, die nach wie vor für spirituelle Zwecke genutzt werden können.

Die Kraft dieser Plätze wächst mit der Häufigkeit und Intensität, mit der dort gearbeitet wird. Stonehenge, Glastonbury Tor und Avebury (um nur einige zu nennen) sind

Plätze mit starken Schwingungen. Leider sind viele dieser Orte unbekannt und deshalb ungenutzt und missachtet. Ich erinnere mich an eine solche Stätte in Somerset, die ich vor einigen Jahren entdeckte. Auf einer Landkarte war sie als *Stoney Littleton Long Barrow* eingezeichnet, und als ich sie aufsuchte, erwartete mich eines der schwer zugänglichen Hügelgräber, das mit großen Kammern versehen war. Ich fühlte intuitiv, dass ich dort eine Zeremonie abhalten sollte. Ich wusste nicht, wie diese Zeremonie verlaufen sollte; ich spürte einfach nur, dass es dort etwas zu tun gab. Da ich nur im kommenden Dezember etwas freie Zeit zur Verfügung hatte, plante ich meinen Besuch für diesen Zeitpunkt.

Als der Tag kam, bat ich meine Intuition, mir zu zeigen, was ich mitnehmen sollte. Unter anderem fühlte ich mich aufgefordert, einen Fächer aus Falkenfedern mitzunehmen, den ich erst kürzlich erstanden hatte. Als ich in dem besagten Gebiet ankam, fand ich keinerlei Wegweiser, die zu den Hügelgräbern führten, und es war niemand in der Nähe, den ich hätte fragen können. Schließlich parkte ich meinen Wagen an einer verlassenen Farm und lief, ganz auf meine Intuition vertrauend, über die Felder. Nach etwa achthundert Metern erreichte ich ein Schild, das mir die Richtung wies.

Als ich an dem Hügelgrab ankam, war die Stätte kalt, windig und verlassen. Das Hügelgrab war offen, und ich kroch hinein. Es bestand aus sieben Kammern, die sich über die gesamte Länge des Hügelgrabs erstreckten, drei an jeder Seite und einer Hauptkammer am Ende. Ich betrat diese Kammer und ruhte mich dort aus. Es roch muffig, und es war offensichtlich, dass dort seit einiger Zeit keine spirituelle Arbeit mehr stattgefunden hatte. Ich holte Räucherwerk, eine Kerze und den Fächer aus meiner Tasche und räucherte das Innere des Hügelgrabs aus, fächelte den Rauch in alle Ecken und kehrte dann zur Hauptkammer zurück. Dort sang ich einige Lieder, trommelte, ließ eine Klangschale ertönen und sprach ein paar Gebete. Ich brachte den Steinen Salz und Tabak als Geschenk dar und ging dann mit meinem Fächer in der Hand Richtung Ausgang. Als ich ins Freie trat, sah ich, wie ein wunderschöner Falke über der Hauptkammer schwebte. Als ich ihn anrief, flog er davon. Ich fühlte mich geehrt, und es schien mir eine Bestätigung zu sein. Es war, als hätte die Natur sich dafür bedankt, dass ich einen ihrer besonderen Plätze gereinigt hatte.

Jedes Mal wenn ich eine Kultstätte besuche, nehme ich einen kleinen Stein aus der Umgebung mit, um mich später mit diesem Platz zu verbinden, falls ich den entsprechenden Wunsch verspüre. Ich frage immer erst um Erlaubnis und lasse auch immer eine Gegengabe zurück. Der Boden dieses Hügelgrabs war mit Tausenden kleiner Steine übersät, und ich hatte das sichere Gefühl, es sei in Ordnung, einen mitzunehmen; aber ich fragte dennoch um Erlaubnis. Die Antwort kam sehr bestimmt bei mir an: »Nein!« Etwas irritiert fragte ich noch einmal. Diesmal war die Antwort in meinem Kopf ein noch deutlicheres Nein. Ich wusste zwar nicht, warum, aber ich vertraute darauf, dass es einen guten Grund dafür geben musste. Ich verabschiedete mich und ging über die Felder zu meinem Auto zurück.

Während meiner Wanderung entdeckte ich einen riesigen Stein mit einer sehr glatten Oberfläche, als wäre er irgendwann einmal zum Mahlen von Mais oder anderem Getreide verwendet worden. Als ich ihn näher betrachtete, sagte eine Stimme zu mir: »Das ist der Stein, den du mitnehmen sollst.« Ich grub den großen Stein aus der feuchten Erde aus, bedankte mich, hinterließ eine kleine Gabe und schleppte ihn den ganzen Weg bis zu meinem Wagen zurück. Er war so schwer, dass ich einige Male rasten musste. Jetzt dient mir dieser Stein als Altar, und ich verwende ihn seit Jahren für das Darbringen von Opfergaben. Wenn ich daran zurückdenke, staune ich über die damaligen Ereignisse, die manche Leute als Zufälle abtun würden. Ich parkte meinen Wagen an der falschen Stelle und überquerte Felder, die ich niemals gesehen hätte, wäre ich zu dem Parkplatz gelangt, der hinter der nächsten Kurve lag. Intuitiv hatte ich die Falkenfedern mitgenommen, und es erschien ein Falke an genau der Stelle, an der ich die Zeremonie abgehalten hatte. Ich kehrte über die Felder zurück und fand jenen Stein, der mir heute sehr viel bedeutet und der sicher früher benützt worden war, vielleicht sogar von einem meiner keltischen Vorfahren. Eine eigenartige Ansammlung von Umständen, die mir große Freude und Bestätigung für meine einfache Arbeit einbrachten. Das bezeichne ich als Magie.

Die keltische Schwitzhütte

Schwitzhütten sind Konstruktionen, die zu zeremoniellen Zwecken verwendet werden. Durch extremes Erhitzen eines Steins und das darauf folgende Übergießen mit kaltem Wasser sollen die Heilkraft und Weisheit des Steins aktiviert werden. Es gibt überzeugende archäologische Beweise dafür, dass zu Zeiten der Kelten Schwitzhütten existiert haben. In Irland war das »Schwitzhaus« bis ins neunzehnte Jahrhundert bekannt, und auch Saunas lassen sich zu keltischen Ursprüngen zurückverfolgen. Der faszinierendste Beweis jedoch kommt von den Orkney-Inseln Schottlands. Archäologen haben dort verbrannte Steine gefunden, die in Löchern lagen und von den Überresten einer einfachen, hölzernen Konstruktion umgeben waren. Sie sahen nahezu genauso aus wie die indianischen Schwitzhütten, mit den gleichen Eingängen in den vier Himmelsrichtungen.

Vor kurzem hat der Amateurarchäologe Tim Laurie über sechzig »verbrannte Erdhügel« in den Tälern von Yorkshire entdeckt. Er fand auch Teile verbrannten Sandsteins, aber an keiner der Stätten gab es einen Hinweis dafür, dass dort gekocht worden war. Dies wiederum führt zu der Annahme, dass diese Steine aus einem anderen Grund erhitzt wurden, und die naheliegendste Erklärung ist die, dass sie zum Erhitzen von Wasser verwendet wurden. Diese Plätze werden in die Zeitspanne zwischen 1000 und 1500 vor unserer Zeitrechnung zurückdatiert und sind die vielleicht weltweit ältesten Hinweise auf Schwitzhütten.

Die Bauweise keltischer Schwitzhütten ist heutzutage sehr vielfältig, abhängig von der jeweiligen Gegend. Die meisten modernen keltischen Schwitzhütten sind einfach konstruiert und nach dem gleichen Plan errichtet wie die indianischen. Ich habe selbst schon einige Schwitzhütten gebaut, solche, die aus achtundzwanzig Weidenpfählen zusammengefügt werden wie die indianischen Konstruktionen, und kleinere Schwitzhütten für zwei bis drei Personen aus sechs bis acht Pfählen. Meine eigene Schwitzhütte besteht aus achtundzwanzig Weidenpfählen, die mit über vierhundert Haselzweigen umflochten sind. Sie muss sehr stabil sein, da sie regelmäßig benützt wird.

Ich möchte in diesem Zusammenhang klarstellen, dass eine keltische Schwitzhütte nicht einfach ein Platz ist, in dem man Steine in einer Mulde erhitzt und mit Wasser übergießt. Der Aufenthalt in einer keltischen Schwitzhütte ist eine tief greifende und heilige Erfahrung. Das Feuer wird mit großer Ehrfurcht entfacht. Die Steine werden von Hand gesammelt und einzeln und mit andächtigen Gebeten in das Feuer gelegt. Die Durchgänge variieren von zwei bis sieben Runden. Bei jeder Runde werden ein paar rot glühende Steine in die Mitte der geschlossenen Hütte gelegt und dann mit kaltem Wasser übergossen. Dieses Ritual wird von den dazugehörigen Gebeten, Gesängen und Zeremonien begleitet. Schwitzhütten sind Orte der Heilung und Einsicht. Das bedeutet natürlich auch, dass Missbrauch Gefahren birgt und Zustände der Verwirrung erzeugen kann.

Jeder, der an einer spirituellen Schwitzhüttenzeremonie teilgenommen hat, die mit Liebe und reiner Absicht abgehalten wurde, weiß, wie außergewöhnlich diese Erfahrung ist. Die Qualität des Feuers ist einzigartig; seine Energie unterscheidet sich von der eines gewöhnlichen Feuers. Sobald man innerhalb der Hütte ist, scheint es, als befände man sich in einem großen Saal außerhalb von Raum und Zeit. Was sich wie zehn Minuten anfühlt, ist in Wirklichkeit eine Stunde, und die Energie, die sich in der Hütte entwickelt, kann sehr mächtig sein. Tier-, Pflanzen- und Geisthelfer können in die Hütte gerufen werden, um den

Vorgang zu unterstützen, und manchmal kann man die jeweiligen Tiere oder Pflanzen sogar riechen und fühlen.

Der Zweck einer Schwitzhüttenzeremonie ist es, einen heiligen Platz zu kreieren, an dem die Energie von Feuer und Wasser die Weisheit der Großvater- und Großmuttersteine hervorbringen kann. Die Bauform ist oftmals einer Gebärmutter nachempfunden, und die achtundzwanzig aufrechten Pfeiler repräsentieren die Rippen. Traditionsgemäß betritt man eine Schwitzhütte nackt. Ich erlaube den Teilnehmern jedoch nur dann, die Hütte nackt zu betreten, wenn ich sicher sein kann, dass sie fortgeschritten genug sind, um sich nicht durch die Nacktheit von ihrer spirituellen Arbeit ablenken zu lassen. Sobald die Schwitzhütte geschlossen ist, ziehen sich die meisten Teilnehmer sowieso aus, da es außerhalb des sanften Scheins der glühenden Steine stockdunkel ist. Ursprünglich bestand die Umkleidung von Schwitzhütten aus Tierhäuten. Heutzutage werden sie mit Decken, Persenning oder Segeltuch abgedeckt.

Eine Schwitzhütte zu leiten ist eine Ehre und beinhaltet zugleich eine große Verantwortung. Der Leiter muss in der Lage sein, sich auf die unterschiedlichen Energien seiner Teilnehmer einzustimmen. Schwitzhütten können für Menschen, die noch keine Erfahrung damit haben, beängstigend sein, und der Leiter trägt die Verantwortung dafür, dass sich alle Beteiligten sicher und geborgen fühlen. Manchmal kann der Heilprozess so heftig verlaufen, dass unterdrückte Emotionen frei werden. In diesem Fall ist es Aufgabe des Leiters, dafür zu sorgen, dass Liebe und Unterstützung in der Hütte präsent sind. Er muss die Energie der einzelnen Teilnehmer erfühlen können und die Gruppe intuitiv leiten, um Gleichgewicht und Harmonie zu gewährleisten.

Schwitzhütten sollten Orte der Freude und freien Entfaltung sein, wo Menschen Heilung finden und in einer sicheren, geheiligten Atmosphäre zum Ausdruck bringen können, was sie möchten. Die Grenze zwischen Fröhlichkeit und Respektlosigkeit kann sehr fein sein, und der Leiter muss entscheiden, wie die Energien innerhalb der Hütte fließen. Er muss dafür sorgen, dass sie nicht außer Kontrolle geraten und ihre spirituelle Grundlage nicht verlieren. Manche Leiter haben sehr strenge Regeln. Ich hörte sogar von einem, der jeglichen Gesang innerhalb der Hütte verbot, aus Angst, die Teilnehmer könnten versehentlich einen Totengesang anstimmen und dabei sterben. Schwitzhütten sollen Orte der freien Entfaltung, nicht der Einschränkung sein. Natürlich gibt es bestimmte Verhaltensregeln, die eingehalten werden müssen, doch wenn die Anordnungen von Angst bestimmt sind, sollten sie keinen Platz in einer Schwitzhütte haben.

Eines Tages kam eine Frau zu mir, die der Meinung war, dass Schwitzhütten beängstigende Orte seien. Sie hätte die Erfahrung gern gemacht, aber sie hatte zu große Angst, einem Dämon zu begegnen. Ich erklärte ihr, dass Dämonen meistens der eigenen Psyche entspringen und ihre Kräfte von unserer Angst beziehen. Sie ernähren sich von negativer Energie. Ich erklärte weiterhin, dass es für diese Wesen unmöglich sei, sich in dem positiven Energiefeld einer Schwitzhütte zu manifestieren, die in heiliger, reiner Absicht errichtet worden ist. Sie erwiderte: »Aber was geschieht, wenn ich mich in einer Hütte befinde, die nicht auf diese Weise errichtet wurde? Was soll ich tun, wenn ein Dämon erscheint?« Mein Herz fühlte sich in diese Frau mit ihren Ängsten ein, die vor allem durch ihre christliche

Erziehung entstanden waren. Ich suchte nach einem Weg, ihr zu zeigen, wie sie ihre Ängste überwinden konnte. In solchen Situationen bitte ich immer den Schöpfer, der alle Antworten kennt, um Hilfe. Also sprach ich ein Gebet, öffnete meinen Geist und vertraute darauf, dass die Antwort sich in meinen Gedanken manifestieren würde. Das teilte ich der Frau mit.
Wir sind alle auf diesem Planeten, um unsere Lektionen zu lernen. Angst ist eine Emotion, die uns davon abhalten kann. Wenn Ihnen jemand etwas Hässliches antut, können Sie entweder verletzt sein, oder Sie versuchen zu erkennen, was Ihnen diese Begebenheit vermitteln will. Falls Sie die Lektion annehmen und das Negative dieser Erfahrung in Positives wandeln können, werden Sie dadurch zu einer weiseren Person. Bei dem Menschen, der Sie schlecht behandelt hat, können Sie sich dann sogar bedanken, da Sie durch ihn eine wertvolle Lektion gelernt haben. Die Frage der Vergebung kommt überhaupt nicht auf. Es gibt nichts zu vergeben, da diese Person lediglich das getan hat, was Ihnen auf Ihrem Weg behilflich war.
Ich erinnerte die Frau an die Bibel, die sie ja sehr gut kannte und in der geschrieben steht, dass wahre Liebe bar jeglicher Angst ist. Obwohl dieser Spruch mich lange Zeit verwirrte, verstand ich nun, was damit gemeint war. Ich sagte ihr, für den Fall, dass sie tatsächlich einem Dämon begegnen würde, solle sie sich nicht auf ihn konzentrieren, sondern sich fragen, was der Dämon sie lehren könne. Sobald ihr die Lektion klar sei, könne sie zu dem Dämon sagen: »Danke, dass du mir erschienen bist, weil ich dadurch zu einer weiseren Person geworden bin. Du hast mir auf meinem Weg geholfen, und dafür liebe ich dich.«

Die Macht des Dämons würde sich sofort auflösen, da sie keine Angst mehr hätte. Vielmehr würde sie verstehen, warum der Dämon sie heimsuchen musste. Die Kunst, alles zu umarmen, was Ihnen widerfährt, Gutes wie Schlechtes, und aus jeder Erfahrung zu lernen, ermöglicht es Ihnen, alles zu lieben, was Ihnen begegnet. Wenn Sie den Prozess des Lernens verstanden haben, brauchen Sie nichts mehr zu fürchten, weil Sie wissen, dass Sie nur diejenigen Dinge anziehen, von denen Sie lernen können.

Die besagte Frau besuchte ihre erste Schwitzhütte kurz nach unserem Gespräch, immer noch voller Angst, aber mit friedlichem Herzen. Sie hatte verstanden, dass jede Erfahrung die Gelegenheit des Lernens bietet. Voller Freude und Kraft kam sie aus der Schwitzhütte und hat sich seither mehrere Male der Heilkraft eines Schwitzhüttenrituals anvertraut. Übrigens ist ihr nie ein Dämon erschienen.

Arbeit an heiligen Stätten

Damit ist jede Art spiritueller Arbeit gemeint, die an heiligen Orten vollzogen wird. Weltweit sind viele heilige Stätten in Vergessenheit geraten, doch es gibt Leute, die diese Plätze wiederbeleben und in Stand halten. Wo auch immer ich mich befinde, versuche ich, an den jeweiligen heiligen Plätzen Zeremonien abzuhalten, um die Erde zu ehren. Diese Erfahrungen sind sehr lehrreich und helfen mir, auf meinem spirituellen Weg bewusst zu bleiben.

Ich erinnere mich an einen Aufenthalt in Dorset, als ich mich einen Nachmittag lang von meinem vollen Termin-

kalender lossagte und eine Heilquelle bei Cerne Abbas aufsuchte. Dort befindet sich ein wunderschönes Dorf, das durch eine großartige Kalkstatue, die in die Seite eines nahe stehenden Hügels eingearbeitet ist, bekannt ist. Die Quelle, die in der Nähe der Kirche liegt, war offensichtlich seit Jahren unbeachtet. Es machte mich traurig, einen solchen Platz in so heruntergekommenem Zustand vorzufinden, und ich verbrachte so viel Zeit dort, wie mir möglich war, und reinigte ihn ein wenig von dem herumliegenden Schutt und der stagnierenden Energie. Als ich ging, gab ich das Versprechen wiederzukommen, und ich betete darum, dass sich jemand um den Platz kümmern würde. Als ich zwei Jahre später wiederkam, war die Mauer um die Quelle herum wieder aufgebaut worden; der Platz war sauber, und eine Bank stand neben dem Brunnen. Es war wunderschön dort, und der Platz hatte wieder eine lebendige Energie bekommen. Ich hielt eine feierliche Zeremonie für die Menschen ab, die mein Gebet erhört hatten. Die Atmosphäre dieses Platzes hatte sich vollkommen verändert, und es war wieder ein Ort des Friedens und der Heilung.
Ich habe allein und mit Freunden an vielen Stätten gearbeitet. Einige waren nicht einmal in Landkarten eingezeichnet. Wir haben dazu beigetragen, sie wiederzubeleben und ihre Kraft wiederherzustellen. Diese Arbeit hat viele Aspekte. Manchmal bedarf es der körperlichen Arbeit, wie Säubern und Wegräumen von Unrat, manchmal muss man Kristalle vergraben, um die Energie des Platzes wiederzubeleben. An anderen Plätzen wird nur ein Lied gesungen oder gebetet, wieder andere benötigen eine stundenlange Zeremonie. Jede Stätte ist einzigartig, und

genauso individuell ist auch die erforderliche Arbeit. Bei dieser Arbeit lasse ich mich immer von meiner Intuition leiten. Es ist eine der befriedigendsten Aufgaben, und die Schönheit und die neu belebte Energie einer Kultstätte begeistern mich immer wieder.

Heilige Stätten ehren

Heilige Stätten gibt es auf der ganzen Welt. Finden Sie eine in Ihrer Nähe und besuchen Sie sie. Es kann eine Kirche sein, ein Strand, ein Wald oder ein Park. Heilige Plätze existieren auch in geschäftigen Städten. Sie sind schwerer zu finden, aber sie existieren bestimmt schon länger als die Städte selbst. Berühren Sie die Steine dieses Platzes, und bitten Sie darum, dass sie Ihnen etwas von ihrer Weisheit vermitteln. Meditieren Sie mit einem Stein in der Hand, und achten Sie auf die Bilder, die in Ihnen auftauchen. Bei den Steinen kann es sich um große Bruchstücke einer Gebäudemauer oder um kleine Kiesel handeln. Jeder besitzt seine individuellen Erinnerungen und seine Weisheit, die er an alle weitergibt, die ein offenes Herz und einen offenen Geist haben. Sollte eine Stätte verwaist sein, können Sie sie »adoptieren«, indem Sie regelmäßig hingehen, sie sauber halten, Blumen pflanzen oder Kristalle darbringen usw. Folgen Sie Ihrer Intuition, und fragen Sie die Stätte, was Sie tun können, um ihre Harmonie wiederherzustellen. Sie werden erstaunt sein, welche Ideen Ihnen kommen. Wenn Sie eine Stätte ehrenvoll behandeln, wird auch Ihnen Ehre zuteil werden.

Sich einen heiligen Platz schaffen

Schaffen Sie sich Ihren persönlichen heiligen Platz, einen Ort, an dem Sie sitzen und meditieren können, wenn es Ihnen nicht gut geht, einen Ort der Heilung, an dem Sie Ihr Gleichgewicht wiederfinden können. Dieser Platz kann sich im Haus oder auch im Freien befinden, Ihre Intuition wird Sie hinführen, wenn Sie offen dafür sind. Manche Menschen benützen einen Tisch oder einen Platz am Boden, der sich etwas abseits befindet. Andere schaffen sich ihren Platz im Garten oder im Wald. Es spielt keine Rolle, wofür Sie sich entscheiden, solange dieser Ort für Sie leicht zugänglich ist. Sie können ihn mit Steinen, Federn, Blumen oder sonstigen Gegenständen schmücken. Mittlerweile besitze ich einen ganzen Raum, der mein heiliger Platz ist. Er ist voll von Kristallen, Federn, Knochen, Steinen und anderen Geschenken, die auf meinem Weg lagen. Ich besitze einen Steinaltar (wie schon zuvor erwähnt), auf den ich Nüsse, Blätter und Blumen der jeweiligen Jahreszeiten lege, die ich auf meinen regelmäßigen Spaziergängen auf dem Land finde. Ich habe bemerkt, dass mir das bei den Übergängen der Jahreszeiten eine Hilfe ist.

An Ihrem heiligen Platz können Sie sich mit der spirituellen Energie und mit der Energie der Erde verbinden. Sie müssen sich dort nicht stundenlang aufhalten; schon ein paar Augenblicke täglich haben große Wirkung. Manchmal zünde ich einfach eine Kerze an und spreche ein Gebet der Harmonie und Heilung für mein Leben und das meiner Lieben. Wenn ich ein Problem habe, das ich nicht lösen kann, oder wenn meine Gedanken negativ sind, gehe ich an meinen heiligen Platz, um meine Energien zu harmonisieren und die Dinge wieder aus einer anderen Perspektive sehen zu können. In Situationen, in denen ich außer mir bin, hilft mir eine Meditation, in der ich einen Stein in Händen halte. Die Energie der Steine erdet mich sehr wirkungsvoll und hilft mir, mich wieder mit meinem spirituellen Fundament zu verbinden, aus dem meine Gedanken und Träume erwachsen.

5
Die Weisheit der Zeremonien und Rituale

Alle Menschen haben eine natürliche Neigung, Rituale und Zeremonien zu vollziehen. Unser Leben ist voll von kleinen Zeremonien und Ritualen, vom Aufwachen bis zum Schlafengehen. Wir waschen uns auf eine bestimmte Weise, putzen unsere Zähne auf unsere spezielle Art, ziehen uns in bestimmter Weise an usw. Doch uns ist der spirituelle Aspekt dieser Zeremonien und Rituale verloren gegangen. Es mag ungewöhnlich erscheinen, die alltäglichen Pflichten auf eine spirituelle Weise auszuführen, es mag sogar lächerlich wirken, aber wenn Sie die Spiritualität in Ihr Leben integrieren wollen, dann durchdringt sie jeden Aspekt Ihres Lebens.

Warum waschen wir uns? Warum haben sich unsere Vorfahren gewaschen? Auf der praktischen Ebene hält es uns sauber und verhindert, dass wir unangenehm riechen. Das Gleiche gilt für die spirituelle Ebene. Jeden Tag kommen wir mit negativen Energien in Berührung und haben oftmals negative Gefühle, die wir festhalten. Auch diese Energien bedürfen der Reinigung. Sie sind bestimmt schon jemandem begegnet, dessen Energie wirklich negativ war. Vielleicht haben Sie nicht bemerkt, dass die Negativität von dieser Person ausging, aber Sie haben sich mit ihr einfach nicht wohl gefühlt. Wahrscheinlich hatte diese Person eine unreine Aura, weil ihr Energiekörper nicht gereinigt war. Manchmal betreten wir Räume mit einer unangenehmen Atmosphäre, weil er in spiritueller Hinsicht unrein ist. Es gibt viele einfache Zeremonien, die geeignet sind, Auren und Räume zu reinigen. Die häufigste Methode ist das Reinigen mit Räucherwerk. Es wird in fast allen Traditionen eingesetzt, um die Energien von Menschen und Plätzen zu reinigen. Räucherwerk gibt es bei den Christen, Buddhisten, Indianern, Hindus und Kelten. Indianisches Räucherwerk, bestehend aus Salbei, Zeder und Mariengras, ist in Bio- oder Esoterikläden erhältlich. Wenn man das Bündel anzündet, verströmt es einen wunderbar duftenden Rauch, der die Atmosphäre eines Raums oder die Aura eines Menschen sehr wirkungsvoll verändern kann. Sie können auch aromatische Öle oder Räucherstäbchen zur Reinigung verwenden. Fächeln Sie den Rauch (verwenden Sie eine Feder, falls möglich) im ganzen Raum oder um die Person herum. Wenn Sie sich an einem Ort befinden, der blockierte und träge Energien hat, sollten Sie diesen Platz gründlich ausräuchern.

Auch mit frischen Blumen, Kristallen oder Windspielen können Sie die Atmosphäre eines Raums sehr verändern. Sogar ein Frühjahrsputz kann eine Wiederbelebung der Energie eines Zimmers oder auch eines ganzen Hauses bewirken. Die Kelten wussten, wie wichtig es war, im Frühjahr zu putzen. Dadurch wurden die alten Energien entfernt und Platz für Neues geschaffen. Es geht darum, die Energien zu verändern. Alle Hilfsmittel, die harmonisierende Schwingungen aussenden, sind geeignet, um eine negative Atmosphäre oder Stimmung in eine positive zu verwandeln.

Sich auf allen Ebenen sauber zu halten fällt viel leichter, wenn man alltägliche Rituale auf eine spirituelle Weise

ausführt. Das Kochen wird zu einer völlig neuen Erfahrung, wenn Sie es als spirituelle Angelegenheit betrachten. Wenn wir Gäste einladen, verbringe ich ein paar Minuten mit ihnen, bevor ich anfange zu kochen, damit ich ihre Energien spüren kann und weiß, was sie für ihre körperliche, geistige und spirituelle Ernährung benötigen. Das Gemüse, das meine Intuition mir zeigt, hole ich frisch aus dem Garten. Mein Kochtopf ist mein Zauberkessel, in dem ich unbehandelte Zutaten, gemischt mit viel Liebe und heilender Energie, koche. Kochen ist Magie. Es ist eine Gelegenheit, magisch auf die Gesundheit und Heilung derjenigen einzuwirken, die davon essen.
Die Art Ihrer Gedanken und Ihre Stimmung während des Kochens üben einen erheblichen Einfluss auf das Resultat aus. Stehen Sie während des Kochens unter Stress, werden Sie und andere diesen Stress über die Nahrung zu sich nehmen. Kochen Sie mit Liebe und heilsamen Gedanken, wird Ihr Essen göttlich schmecken, und alle, die es zu sich nehmen, werden mit dem Essenziellen ernährt. Ich erinnere mich daran, wie ich von einem Freund das Rezept für ein spezielles Gericht bekam, das »Red Dragon Pie« hieß. Ich bereitete dieses Gericht ganz im spirituellen Sinne zu, indem ich gute Gedanken und Energien mit hineingab. Es schmeckte köstlich. Ein anderes Mal, als ich dasselbe Gericht zubereitete, war ich mit meinen Gedanken nicht beim Kochen. Das Essen enthielt keine heilsamen Energien, und man schmeckte den Unterschied deutlich. Heute koche ich nie, wenn ich unter Stress stehe. Ich esse so lange nicht, bis sich meine Stimmung geändert hat. Hunger ist die beste Voraussetzung, um sich inneren Themen zuzuwenden.

Alle Ihre Handlungen, jeder Augenblick des Tages hat einen spirituellen Aspekt. Sobald Sie das erkennen, wird jeder Tag zu einem besonderen Ereignis und verändert Ihre Einstellung dem Leben gegenüber grundlegend. Sie werden nicht mehr an Groll, Angst oder Wut festhalten. Sie werden erkennen, dass diese Emotionen ungesund sind, und etwas dagegen unternehmen, bevor Sie davon krank werden. Sie bleiben in Ihrer Kraft und verwenden sie, um sich und anderen damit zu helfen. Ein spirituelles Leben macht Spaß. Jeder Tag ist ein neues Abenteuer. Sie wissen, dass Sie nur das anziehen, was Sie zum Lernen brauchen, um dadurch Weisheit zu erlangen.

Die Zeremonien und Rituale der Kelten

Für die Kelten war alles heilig, alles trug den Fingerabdruck des Schöpfers. Was sie von der Schöpfung zu ihrem Gebrauch nahmen, wurde geehrt. Wenn sie Holz benötigten, wurde eine einfache Zeremonie zu Ehren der Bäume abgehalten. Die Tiere wurden auf humane Art und Weise getötet, mit einer Methode, die heutzutage nur noch bei den Nomadenstämmen Sibiriens zu finden ist. Mit einem einzigen Messerschnitt hinten am Hals töten sie die Rentiere in Sekundenschnelle. Sie durchtrennen das Rückgrat, und das Tier stirbt in weniger als einer Sekunde und erleidet keine unnötigen Schmerzen. Vor und nach der Jagd wurden Zeremonien abgehalten. Das Kochen war ein heilendes und nahrhaftes Ritual. Alles wurde auf spirituelle Weise und mit Respekt für die Schöpfung durchgeführt. Zu bestimmten Zeiten vollzogen die Kelten spezielle Zeremonien, um der vergehenden wie der kommenden Jahreszeit Ehre zu erweisen. Wie konnte man erwarten, dass die Erde Früchte trug, wenn sie nicht geehrt wurde. Die Kelten wussten um die zyklische Natur ihrer selbst und aller Dinge. Zur Einstimmung auf diese Zyklen vollzogen sie jedes Jahr acht große Zeremonien, um auf den Wechsel der Jahreszeiten hinzuweisen und sie zu ehren. Das bezog sich auf die äußere Welt wie auch auf ihr inneres Leben. Die acht Feste markieren die primären Unterteilungen eines keltischen Medizinrads.

Das Jahresrad

Um den keltischen Jahreszyklus zu verstehen, müssen wir zuerst den Tageszyklus kennen. Bei uns beginnt der Tag offiziell eine Minute nach Mitternacht, obwohl für die meisten Menschen der Tag mit dem Aufstehen anfängt und mit dem Schlafengehen endet. Bei den Kelten war das völlig anders. Der Tag begann, sobald es dunkel wurde, und dauerte bis zur Abenddämmerung des nächsten Tages. Sie hatten keine Angst vor der Dunkelheit; sie erkannten, dass jegliches Leben in der Dunkelheit seinen Anfang nimmt. Das Kind in der Gebärmutter, der Vogel im Ei, der Samen in der Erde, alles Leben entsteht zuerst in Dunkelheit. Mit dieser Erkenntnis begannen die Kelten das Jahr.

Samhain

Das keltische Fest *Samhain* fällt auf den 31. Oktober und ist das Äquivalent zu unserem Silvesterabend. Heutzutage als Halloween oder Allerseelen bekannt, bezeichnete dieses Fest das Ende des Sommers. Man bereitete sich auf den kommenden Winter vor. Der Überschuss des Viehbestands wurde geschlachtet und geräuchert und diente als Ergänzung zu den eher bescheidenen Früchten des Winters. Man nahm an, dass zu dieser Zeit der Schleier zwischen dieser Welt und dem Jenseits am dünnsten war; so erhoffte man sich an Samhain Inspiration und Führung von der Anderswelt. Die Zeit ab Samhain bis zur Wintersonnenwende war auf spiritueller Ebene eine Zeit der Stärkung, in der die erlernten Lektionen des vergangenen Jahres verinnerlicht, emotionaler Müll entsorgt und alles geklärt wurde. Da das Licht draußen schwächer wurde und man deshalb weniger sehen konnte, wandte man sich den inneren Welten zu. Die Kelten wussten, dass die Arbeit auf der spirituellen Ebene dazu diente, das kommende Jahr mit Freude und Vitalität beginnen zu können.

Yule

Yule ist das Fest der Wintersonnenwende, etwa um den 21. Dezember herum. Zu dieser Zeit sind die Nächte am längsten. Es ist ein großes Fest, da die Kraft der Dunkelheit zu schwinden beginnt und die Sonne wieder geboren wird und bis zur Sommersonnenwende an Kraft zunimmt. Um diese Geburt zu feiern, wurde Immergrün als Schmuck ins Haus gebracht, Kerzen wurden angezündet, und der Yule-Stamm wurde verbrannt. Ein Festmahl fand statt, und Geschenke wurden verteilt.

Die meisten Feierlichkeiten, die an Weihnachten zelebriert werden, haben einen heidnischen Ursprung. Die Geschenke, das Festmahl, Stechpalme und Efeu, Mistelzweige und in gewisser Hinsicht sogar der Weihnachtsbaum haben ihre Wurzeln im alten Yule-Fest. Die Kommerzialisierung verdeckt heute den wahren Kern dieses Festes: das neue Wachstum und die neuen Lektionen der kommenden Jahreszeit willkommen zu heißen. Es ist sehr weise, seinen Geist in der dunkelsten und bedrückendsten Zeit des Jahres aufzumuntern.

Imbolc

Imbolc findet am 1. Februar statt und bezeichnet das Ende des Winters und den Beginn des Frühlings. Es ist die Zeit, in der die Frauen geehrt werden, da nun die Transformation des alten Weibes Winter in das junge Mädchen Frühling erfolgt. Imbolc ist *Brighid* oder *Brigantia* geweiht, die drei Speere in Händen hält. Diese symbolisieren drei Feuer – das Feuer der Heilung, das Feuer des Herds und das Feuer der Inspiration. Das Feuer der Heilung verbrennt alles Schlechte und reinigt das Gute. Das Feuer des Herds ernährt Körper, Geist und Seele. Das Feuer der Inspiration wirkt anregend und treibt uns auf unserer Lebensreise voran.

Imbolc ist eine Kräftigungszeremonie für Körper und Geist. Die Anforderungen des Säens und Pflanzens für eine gute Ernte sind hoch und erfordern Kraft, eine ausgewogene Ernährung und Inspiration. Das war das Anliegen dieser Zeremonie.

Ostara

Zur Tag-und-Nacht-Gleiche im Frühling am 20. März feierten die Kelten das Ostara-Fest, den Höhepunkt des Frühlings. Die Kraft der Sonne nahm zu, die Knospen begannen zu sprießen, und die ersten Blumen blühten.

Cernunnos, der Herr der Tiere, und der *Grüne Mann*, der Herr des Waldes, wurden beide in dieser Zeremonie geehrt. Das sollte die Geburt gesunder Tiere und die erneute Begrünung des Landes gewährleisten. Ostara bezeichnete die Zeit, in der alle Pläne, die man in der dunklen Jahreszeit geschmiedet hatte, umgesetzt werden konnten. Es war eine Zeit großer Aktivität für Mensch und Natur.

Beltane

Beltane fand am 1. Mai statt. Beltane war hauptsächlich ein Fruchtbarkeitsritus, der die Vereinigung des Herrn und der Herrin des Landes symbolisierte und zu einer reichen Ernte führen sollte. Der Tanz um den Maibaum, die Krönung der Maikönigin und alle anderen Maifeierlichkeiten, die heute noch in vielen europäischen Ländern stattfinden, können auf das keltische Fruchtbarkeitsfest zurückverfolgt werden. Die Pflanzen befinden sich in einer Phase rapiden Wachstums, und alles scheint fruchtbar und in Harmonie zu sein.

Coamhain

Die Sommersonnenwende fällt auf den 21. Juni. Coamhain ist das größte aller keltischen Feste. Es könnte auch das üppigste Fest gewesen sein, da es zu einer Zeit großer Fülle gefeiert wurde. Für die Kelten war es jedoch nicht mehr oder weniger wichtig als alle anderen Feste. Was den Ruhm von Coamhain gesteigert haben mag, ist die Tatsache, dass dieser Tag für die Druiden heilig und bedeutungsvoll war. Der Hauptstein in Stonehenge markiert den Sonnenaufgang der Sommersonnenwende, wie man von der Mitte des Steinkreises aus sehen kann, und es gibt keinen Zweifel daran, dass in Stonehenge während der Sommersonnenwende einst große Versammlungen und Feste stattfanden.

Coamhain ehrt die Kraft der Sonne, da sie zu dieser Jahreszeit am stärksten ist. Ab diesem Zeitpunkt schwindet ihre Kraft allmählich, die Tage werden kürzer, und die Kraft der Dunkelheit nimmt zu. Das Fest begann in der Abenddämmerung der Nacht zuvor und dauerte bis zur folgenden Morgendämmerung. Zu diesem Zeitpunkt wandten sich alle Teilnehmer schweigend Richtung Osten und warteten auf den Sonnenaufgang. In dem Augenblick, als der erste Lichtstreifen am Horizont sichtbar wurde, erschallte ein gewaltiger Beifall, Hörner ertönten, und Trommeln wurden geschlagen, um die Sonne an ihrem längsten und stärksten Tag willkommen zu heißen. Die Druiden schnitten Äste von den Bäumen, um daraus Zauberstäbe und magische Stöcke zu fertigen, weil sie glaubten, dass das Holz um diese Zeit die stärkste Lichtkraft enthielt.

Lughnasadh

Lughnasadh fand am 1. August statt und war ein Fest männlicher Energien. Es war dem Helden *Lugh* geweiht, der häufig in keltischen Legenden erwähnt wird. Lughnasadh kennzeichnet den Beginn der Jagdzeit. Die Männer zogen Tiermasken und Tierfelle an, um sich auf das Tierreich einzustimmen. Sie bemalten ihre Körper mit der Farbe, die sie aus Waid gewannen und die sie furchtlos machen sollte. Die Teilnehmer stellten ihre Kraft und Ausdauer zur Schau, und der ganze Stamm sang und trommelte dazu, um heilsame Energien für die Jäger und Krieger aufzubauen, die sie auf ihrem Weg unterstützen sollten. Es war eine Zeit des Feierns und der Freude.

Herfest

Die Herbst-Tag-und-Nacht-Gleiche etwa am 23. September kennzeichnete das Ende der Erntezeit. Das letzte Bündel Mais war geschnitten, die Jäger waren mit ihrer Beute heimgekehrt, und alles wurde nun für den Winter eingelagert. Es war ein Erntedankfest und ein Fest des Bittens um ein weiteres Jahr voller Feldfrüchte und Nahrung. Es gab Festessen, Geschichten und Gedichte wurden vorgetragen. Herfest bezeichnete die Zeit, in der die Dunkelheit wieder mächtig wurde und die Phase der Innenschau begann. Es war das letzte Fest des Jahres, bevor ein neuer *Zyklus* des Säens, Kultivierens und Erntens begann.

Einer der Hauptaspekte bei jedem Fest war der Festschmaus. Die Lebensmittel waren immer saisonbedingt und unterstützten die »Biochemie« der Teilnehmer bei der notwendigen Anpassung an den Wechsel der Jahreszeiten. Das hielt die Menschen gesund und gewährleistete das Gleichgewicht mit ihrer Umgebung. Jedes Fest kennzeichnete den physischen, geistigen und spirituellen Übergang in der Natur wie im Leben der Teilnehmer. Der Verzehr von Früchten der jeweiligen Jahreszeit ermöglichte den Kelten eine vertiefte Verbindung und verstärkte die Kraft ihrer Rituale.

Bei den frühen Kelten gab es keine Diskriminierung der Geschlechter. Sie würdigten die Talente der Männer und Frauen gleichermaßen. Das Fest der Frauen, Imbolc, ehrte die Frauen, und für die Männer war das die Zeit, von den Frauen zu lernen und mit ihrer eigenen weiblichen Seite in Verbindung zu treten. Lughnasadh, das Fest der Männer, gab wiederum den Frauen die Gelegenheit, ihre innere Männlichkeit zu entdecken. Die Kelten wussten um die

Das Jahresrad

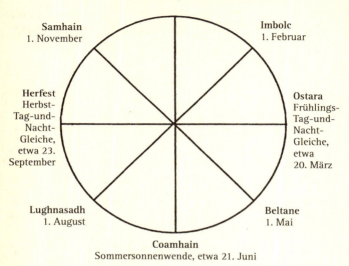

(Anmerkung: Alle keltischen Feste beginnen in der Abenddämmerung vor der Nacht des eigentlichen Festtags, das heißt, Samhain beginnt in der Nacht des 31. Oktober.)

Notwendigkeit des inneren Gleichgewichts der männlichen und weiblichen Seite.

Die Kelten waren sich bewusst, dass sich alles im Leben im Gleichgewicht befinden muss. Es schien eine einfache Wahrheit zu sein, dass es innerhalb des Stammes kein Gleichgewicht geben konnte, wenn das Gleichgewicht des Landes nicht gesichert war. Nur wenn sich alle Mitglieder eines Stammes im Gleichgewicht befanden, das Land gepflegt und geehrt wurde, konnten Frieden und Harmonie herrschen. Schon ein Einzelner, der aus dem Gleichgewicht gerät, und der Mangel an Respekt gegenüber der Erde stürzen alles Übrige ins Chaos. Das zwanzigste Jahrhundert ist der Beweis dafür.

Verbindung mit der Erde

Meine Partnerin Debbie und ich feiern jedes der keltischen Feste, indem wir nachts in die Schwitzhütte gehen und dann ein Festessen mit den Früchten der Jahreszeit veranstalten. Da der keltische Tag in der Abenddämmerung beginnt, gehen wir am Abend des jeweiligen Festtags in die Schwitzhütte. Diese Feiern gehören zu unseren magischsten und bereicherndsten Erlebnissen. Wir vertrauen darauf, dass sich diejenigen zu uns gesellen, die dazu bestimmt sind, aber wir sind bereit, die Durchgänge in der Schwitzhütte auch dann zu machen, wenn niemand kommt; doch das ist noch nie der Fall gewesen. Alle Feste sind unterschiedlich, und daher ist auch jede Schwitzhüttenzeremonie anders. Manchmal kommen nur drei Teilnehmer, ein anderes Mal sind es zwanzig oder mehr. Am Tag davor sammeln wir wild wachsende Nahrungsmittel für unser Festmahl sowie Pflanzen, die wir für Räucherwerk benötigen. Ob es regnet oder die Sonne scheint, immer brennt das Feuer kräftig, und die Lernerfahrungen sind jedes Mal tief greifend. Ich stelle fest, dass diese Zeremonien meine Verbindung zur Schöpfung gefestigt haben. Allein die Tatsache, dass ich zu acht verschiedenen Zeiten des Jahres in die Natur gehe, um ihre Schätze zu sammeln, hat mich viel über das Land gelehrt und mir ein umso tieferes Verständnis meiner Verbundenheit mit allen Dingen vermittelt.

> ### *Rituale in den Alltag integrieren*
>
> *Betrachten Sie alle Ihre Gewohnheiten und Rituale genau, und entscheiden Sie, welche davon tatsächlich zu Ihrem Nutzen sind. Vor einiger Zeit hatte ich die Angewohnheit, mir täglich eine Zeitung zu kaufen und die Nachrichten zusätzlich ein paar Mal am Tag im Fernsehen zu verfolgen. Die meisten Nachrichten waren deprimierend, aber ich dachte, ich müsse »informiert« sein. Eines Tages stellte ich fest, dass diese Angewohnheit zur Besessenheit geworden war. Ich fragte mich, welche spirituellen Lehren ich durch diese Nachrichten gewonnen hatte, und es fiel mir kaum etwas ein. Ich hörte auf, mir die Tageszeitung zu kaufen, und mittlerweile schaue ich mir die Nachrichten nur noch ein- bis zweimal pro Woche an. Ich verpasse nichts, sondern habe jetzt Zeit für das, was ich gerne mache. Wir können die Welt nicht verändern, wohl aber uns selbst, und durch unser Beispiel können wir wiederum andere anregen. Zu wissen, was in der Welt vor sich geht, ist wichtig, doch unser Hauptaugenmerk sollte sich auf unsere eigene Weiterentwicklung und die der Menschen in unserer Umgebung richten.*
>
> *Achten Sie auf die spirituellen Aspekte der alltäglichen Rituale. Körperpflege, die mit der Absicht vollzo-*

gen wird, sich auf allen Ebenen zu reinigen (körperlich, emotional und spirituell), wird zu einer stärkenden Zeremonie. Indem Sie einen Baum mit einer einfachen Zeremonie ehren, können Sie Ihr Verbundensein wiederherstellen. Das ganze Leben kann zu einer großen Zeremonie werden, wenn Sie bereit sind, alte, Energie verschwendende Angewohnheiten loszulassen. Geben Sie sich die Möglichkeit, zu erfahren, dass Sie Teil des großen »Lebensnetzes« sind. Werden Sie sich Ihrer Verbundenheit bewusst, und Sie werden Ihren Platz im Leben und Ihren wahren spirituellen Weg finden.

Eine einfache und wirkungsvolle Möglichkeit, Rituale ins alltägliche Leben zu integrieren, ist das Aufstellen eines Altars. Er muss weder groß noch kunstvoll sein, nur ein einfacher, heiliger Platz in Ihrem Heim. Der Altar kann auf einem kleinen Tischchen oder auf einer Kommode aufgebaut werden. Sie können ihn mit Blumen der jeweiligen Jahreszeit dekorieren und die vier Himmelsrichtungen kennzeichnen, um das Gleichgewicht der vier Elemente in Ihrem Leben zu finden. Sie können eine kleine Schüssel mit Salz oder Erde in den Norden (Erde) stellen, Räucherwerk in den Osten (Luft), eine Kerze in den Süden (Feuer) und einen Kelch oder eine Schüssel mit Wasser in den Westen (Wasser). Wenn ich einen Wunsch habe oder beten möchte, so schreibe ich mein Anliegen oftmals auf ein Stück Papier, fächere damit über die vier Elemente und zünde es dann an, während ich mir vorstelle, wie meine Gedanken zum Schöpfer aufsteigen.

Ein hilfreiches Ritual ist eine kurze Meditation jeden Morgen und Abend, bei der Sie Räucherwerk und Kerze anzünden und eine Weile still sitzen. Es ist erstaunlich, wie sehr diese einfachen Aktivitäten die Einstellung den Lektionen und Herausforderungen des Lebens gegenüber verändern.

6
Die Weisheit der Zahlen

Zahlen waren für die Kelten und deren steinzeitliche Vorfahren von großer Bedeutung. Die Mathematik, die nötig ist, um ein Monument wie Stonehenge zu errichten, zeigt, dass Rechenkenntnis und Zahlenkunde bei den Kelten wie in der vorkeltischen Kultur wohl bekannt waren. In der keltischen Literatur tauchen immer wieder bestimmte Zahlen auf, und die Symbolik dieser Zahlen wird in den Geschichten wiedergegeben. Für die Kelten hatten Zahlen eine weitaus größere Bedeutung, als bloßes Rechenwerkzeug zu sein. Sie waren Teil der schöpferischen Struktur; eine Sonne, ein Mond, zwei Hörner einer Kuh, zwei Geweihsprossen eines Hirschs, drei Blätter am Kleeblatt usw. Überall in der Natur sieht man Zahlenanordnungen. Die Kelten erkannten die Macht der Zahlen und wandten dieses Wissen in ihren zeremoniellen und spirituellen Praktiken an.

Das gesamte Universum besteht aus Schwingungen. Unterschiedliche Dinge haben unterschiedliche Schwingungen. Auch jeder menschliche Körper hat seine eigene Schwingung, die sich aus der Summe der Schwingungen der verschiedenen Körperteile zusammensetzt. Die Leber, die Nieren und das Herz beispielsweise schwingen jeweils auf verschiedenen Ebenen. Schwingungen sind vergleichbar mit Musiknoten einer Notenskala. Die verschiedenen Organe des Körpers stellen die Noten dar, und der gesamte

Organismus ergibt dann den Akkord, der sich aus der Summe der Noten bildet.

Kristalle haben Schwingungen, die unsere eigenen Schwingungen harmonisieren. Ein Kristall kann die Energie eines disharmonisch schwingenden Organs wieder ins Gleichgewicht bringen. Kräuter wirken auf ähnliche Weise. Auch Zahlen besitzen eine eigene Schwingung, und das Verständnis dieser Zusammenhänge machte Zahlen für die Kelten so bedeutungsvoll. Zahlen beinhalten die grundlegenden harmonischen Schwingungen der Schöpfung, und das Einstimmen in diese Schwingungen verhilft uns zu innerem Gleichgewicht und zeigt uns unseren Platz in der Schöpfung. Zahlen sind mehr als bloße Werkzeuge; man kann durch sie lernen. Das Wissen um die Bedeutsamkeit von Zahlen für unser Leben wächst durch Beobachtung und Erfahrung. Ich habe festgestellt, dass mein Leben in einem Siebenjahreszyklus verläuft. Alle sieben Jahre stellen sich in meinem Leben große Veränderungen ein, und ich erlebe eine völlig neue Lebensphase. Deshalb ist die Zahl Sieben so bedeutungsvoll für mich geworden. Auch die Zahl Drei hat eine große Bedeutung, da Lektionen in Dreiersequenzen zu kommen scheinen. Die Drei symbolisiert Gleichgewicht, welches ein wichtiger Bestandteil meines Lebens und Lehrens ist. Die Kelten waren sicherlich in der Kunst der Zahlenkunde sehr bewandert, aber da dieses Wissen nicht niedergeschrieben wurde, ist es verloren gegangen. Wir können es nur wiederfinden, indem wir aus unseren Erfahrungen lernen und indem wir die Verbindung von Zahlen und Ereignissen in unserem Leben erkennen. Hier folgt eine Auflistung der Zahlen, die für die Kelten von besonderer Bedeutung waren:

Eins
Die Zahl des Schöpfers, der große Geist, aus dem alles hervorgekommen ist und der uns die Freiheit des Lernens geschenkt hat. Für die Kelten war der Schöpfer weder männlich noch weiblich; »er« war beides gleichzeitig. Viele der frühen Kulturen hatten diese Vorstellung. Diese Sichtweise finden wir sogar im Alten Testament. Im alten hebräischen Text gibt es nur männliche und weibliche Worte, kein Neutrum. *Elohim*, das jüdische Wort für Gott, ist männlich. *Ruach*, die jüdische Bezeichnung für den »Geist Gottes«, ist weiblich. Die Zahl Eins symbolisiert auch Anfänge, neue Ideen und Wagnisse.

Zwei
Die Zahl der Dualität – Tag und Nacht, Licht und Dunkelheit, männlich und weiblich, links und rechts. Die Kelten wussten um die Bedeutung der Gegensätze. Sie wussten, dass Negativität in Positivität verwandelt werden kann und dass jedes Individuum in allem, was es tut, die Wahl hat. Es ist sehr von Vorteil, wenn man auch die andere Seite der Dinge sieht, um eine durchdachte Entscheidung treffen zu können. Die Zwei symbolisiert die Wahl. Heutzutage haben viele Menschen das Gefühl, keine Wahl zu haben. Sie befinden sich in finanziellen und emotionalen Sackgassen, aus denen es kein Entkommen zu geben scheint. Zu lernen, sich auf die Schwingung der Zahl Zwei einzustimmen, bedeutet, in der Lage zu sein, durchdachte Entscheidungen zu treffen. Sie haben in jeglicher Situation die Wahl.

Drei

Die Zahl Drei kommt in der keltischen Kunst und Literatur häufig vor. Eines der berühmtesten Wesen ist die dreigestaltige Göttin mit den drei Aspekten Jungfrau, Mutter und alte Frau. Diese drei Aspekte symbolisieren die Reise durch das Leben mit all seinen Lektionen. Die Jungfrau verkörpert die Unschuld der Jugend, die naive Neugier des Kindes. Die Mutter symbolisiert die heilenden, nährenden Qualitäten des Frauseins und die alte Frau die Großmutter und damit die Weisheit.

Die Kelten respektierten die Jungen wie die Alten. Beiden wurde Weisheit zugestanden, und beiden wurde mit Interesse zugehört, ganz im Gegensatz zur heutigen Gesellschaft, in der die sehr Jungen und die Alten eher ignoriert werden. Die Kinder lehrten durch ihre Unschuld und ihre eigene Wissbegierigkeit. Jeder, der das, was er gelernt hat, an andere weitergibt, weiß, dass das Lehren seine eigenen Lektionen bereithält. Kinder sind auf psychischer Ebene offener als die meisten Erwachsenen und nehmen Dinge wahr, die Erwachsene oftmals nicht mehr bemerken. Die Älteren eines Stammes besaßen viel Lebenserfahrung und wurden bei Meinungsverschiedenheiten oder in chaotischen Situationen zu Hilfe gerufen. In den keltischen Stämmen wurden die Kinder häufig von den Großeltern erzogen, da beide auf ihre Art weise sind und gut voneinander lernen können.

Die Zahl Drei symbolisiert auch die drei Aspekte menschlicher Existenz – den körperlichen, den geistigen und den spirituellen. Die Drei steht ebenfalls für die Qualitäten positiv, negativ und ausgeglichen. Der moderne Spruch »zu viel des Guten« wäre für die Kelten absolut einleuchtend gewesen, da sie wussten, dass es ein Gleichgewicht zwischen Gut und Schlecht gibt und dass das Negative zuerst erfahren werden muss, bevor positive Lektionen erlernt werden können. Ein Mensch, der ein leichtes, problemloses Leben führt, wird zu einem alten Narren. Ein Mensch, der viele Fehler macht, aber aus allen Fehlern lernt, wird der Weiseste von allen.

Vier

Die vier Himmelsrichtungen Norden, Osten, Süden und Westen sowie die entsprechenden vier Elemente Erde, Luft, Feuer und Wasser waren für die keltische Wahrnehmung der gesamten Schöpfung fundamental. Es gab vier Jahreszeiten, vier Mondphasen, vier Farben und vier Haupttotemtiere auf dem keltischen Medizinrad. Der Übergang der vier Jahreszeiten lehrte die Kelten einiges über den Prozess des Lebens. Die Geburt (Frühling) führt zur Kindheit (Sommer), welche ins Erwachsensein (Herbst) mündet und schließlich mit dem Alter (Winter) endet. Die Geburt ist die Zeit der Erfahrung, die Kindheit die Zeit des Lernens, das Erwachsensein die Zeit des Schicksals und das Alter die Zeit der Weisheit. Die Kelten bemerkten, dass die Vier eine zyklische Schwingung besaß, und lernten daraus, dass jedes Ende auch ein Anfang ist.
Der Tod führt zur Geburt, Weisheit zu neuen Entdeckungen, so wie der Winter immer zu einem neuen Frühling führt.

Fünf

Die Kelten sahen die Zahl Fünf in der gesamten Schöpfung. Fünf Finger an jeder Hand, fünf Sinne usw. Die Fünf war der Göttin geweiht, die in manchen keltischen Legenden fünf anstatt drei Aspekte hatte. Diese Aspekte sind Geburt, Initiation, Liebe, Ruhe und Tod. Die Fünf symbolisiert auch den Punkt des Gleichgewichts im Zentrum des Medizinrads mit seinen vier äußeren Elementen. Man kann ein Feuer- oder Erdmensch sein usw., aber das tatsächliche Gleichgewicht basiert auf der Erfahrung und der Harmonie aller vier Elemente.

Sechs

Die Zahl Sechs galt als die vollkommenste Zahl, da sie die Vereinigung der ersten drei Zahlen darstellt: 1+2+3 = 6 und 1x2x3 = 6. Es existieren sechs Grundbewegungen: hinauf, hinunter, vorwärts, rückwärts, links und rechts. Der sechszackige Stern ist symmetrisch und verkörpert die Weisheit von »wie oben so auch unten«. Was auch immer Sie auf spiritueller Ebene tun, wird auf der physischen Ebene reflektiert und umgekehrt. Das macht die Torheit von Verwünschungen und Verhexungen deutlich. Letztendlich werden Sie für alles zur Rechenschaft gezogen, was Sie tun und denken. Wenn Sie einen »karmischen Kredit« erwirken wollen, sollten Sie immer nach dem Guten und Richtigen streben.

Sieben

Die Zahl Sieben war für die Kelten die heiligste aller Zahlen. Es gibt sieben Körperöffnungen, sieben Öffnungen im menschlichen Herzen, sieben Tage einer Woche und sieben individuelle Mondphasen. In der keltischen Literatur findet man einen Hirsch mit sieben Sprossen an seinem Geweih und sieben Raben. Weiterhin gibt es sieben für uns sichtbare Planeten und sieben Hauptenergiezentren im menschlichen Körper. Für die Kelten war die Sieben ein Symbol für Vollkommenheit, Weisheit und Spiritualität. Die sieben zeremoniellen Richtungen der Kelten sind Norden, Osten, Süden, Westen, oben, unten und das Zentrum. Die Kelten sahen den Verlauf eines Lebens in Siebenjahreszyklen: 0–7 Jahre (Geburt und Entdeckung der Welt), 7–14 Jahre (Kindheit und das Erlernen des Gleichgewichts), 14–21 Jahre (Initiation in das Erwachsenenalter und das Entdecken des Schicksals), 21–28 Jahre (Alter und das Aneignen von Wissen). Danach beginnt der Kreis von neuem und führt zu weiteren Entdeckungen, Lektionen, schicksalhaften Erfahrungen und Aspekten der Weisheit.

Acht

Acht ist die erste kubische Zahl: $2 \times 2 \times 2 = 8$. Es gab acht Hauptunterteilungen in einem keltischen Jahr, die durch die acht keltischen Feuerfeste markiert wurden (siehe vorhergehendes Kapitel). Die Zahl Acht symbolisiert die zyklische Natur der Schöpfung. Die Form der Acht zeigt sich fortwährend und verkörpert die kontinuierlichen Ebbe- und Flutbewegungen der Natur. Acht ist auch zweimal die Vier ($2 \times 4 = 8$) und Symbol für Kreise innerhalb von Kreisen, die im keltischen Medizinrad erscheinen. Man kann es auch so betrachten, dass jeder Kreis des Lernens aus kleineren Kreisen von Lektionen besteht. Die Acht symbolisiert Räder inmitten von Rädern.

Neun

Die Zahl Neun wurde mit großer Weisheit assoziiert (erinnern Sie sich an die neun Haselnüsse, die der Lachs verzehrt hat). Neun war die Zahl der Weisen. Sie wurde oftmals als mächtigste Zahl betrachtet. Häufig musste ein Adept acht Initiationen durchlaufen, bevor er in die spirituellen Lehren eingeweiht wurde.

Zehn

Zehn ist die Gesamtsumme der Finger an beiden Händen und der Zehen an beiden Füßen. Die Zahl Zehn beinhaltet alle neun Zahlen (1+9 = 2+8 = 3+7 = 4+6 = 5+5 = 10). Sie symbolisierte den Übergang von der Stufe der Weisheit zum Beginn des Lernens (die Quersumme der Zehn, 1+0 wird zu 1, der ersten Zahl, dem Anfang).

Elf

Diese Zahl stand für Offenbarung und Innenschau; das Überschreiten des Kreises von 1 bis 9, dann 10 und wieder zurück zur 1.

Zwölf

Innerhalb der vier Unterteilungen des keltischen Medizinrads befinden sich die zwölf Zeichen des Tierkreises. Zwölferrhythmen waren das Rechenmaß in keltischer Zeit. Das wurde in England beibehalten, bis in Europa in der zweiten Hälfte des zwanzigsten Jahrhunderts das Dezimalsystem eingeführt wurde. Davor beruhten viele Maßeinheiten in England auf dem Zwölfersystem. Die Zahl Zwölf spielt auch in der mathematischen Geometrie eine wichtige Rolle: 60 (5x12) Sekunden in der Minute, 60 (5x12) Minuten in einem Grad und 360 (30x12) Grad in einem Kreis. Geometrie war nötig für das Erbauen der Steinkreise, die überall in England und Irland zu finden sind. Auch heutzutage messen wir unsere Zeit in der Zwölfer-Einteilung: 60 (5x12) Sekunden ergeben eine Minute, 60 (5x12) Minuten eine Stunde und 24 (2x12) Stunden einen Tag.

Dreizehn

Dies ist eine weitere heilige Zahl bei den Kelten. Es gab dreizehn Monde im Jahr und dreizehn keltische Baummonate im Ogham.

7
Die Weisheit der Symbole

Die Schrift war ein weiteres mächtiges Werkzeug für die Kelten. Gedanken in Worte zu fassen war hohe Magie. Die Kelten waren sich darüber im Klaren, dass etwas Niedergeschriebenes für jeden zur Interpretation verfügbar war. Die Schrift wurde lediglich bei zeremoniellen und magischen Anlässen eingesetzt. Alles Wissen gab man mündlich weiter, nicht deshalb, weil die Kelten nicht schreiben konnten, sondern weil sie um die Macht des Geschriebenen wussten. Worte, Symbole und Zahlen haben ihre eigenen Schwingungen. Das Wort »Mutter« oder das Symbol ♡ regen verschiedene Bilder und Vorstellungen in unserem Geist an. Viele solcher Bilder sind positiv, doch es gibt auch Worte und Zeichen, die eine entsprechend negative Wirkung auf uns haben können, wie zum Beispiel das Wort »töten« oder das Bild eines Totenkopfs. Manche Symbole haben eine positive und harmonische Schwingung, während andere eine zerrüttende und unharmonische Ausstrahlung haben, die Krankheiten auslösen und großen Schaden anrichten kann. Bei dem Wissen der Kelten über die Macht von Worten und Symbolen ist es nicht verwunderlich, dass sie so wenig von ihrer Weisheit niederschrieben.

Die einzigen Schriftzeichen der frühen keltischen Geschichte, die des Ogham, erscheinen auf Gedenksteinen. Es gab eine Menge anderer Symbole, die zu magischen Zwecken verwendet wurden, beispielsweise um heiligen

Gegenständen eine besondere Kraft zu verleihen. Es folgen einige der Hauptsymbole, welche die Kelten verwendeten:

Labyrinth und Spirale
Diese Zeichen symbolisieren die Spirale des Lebens, die wir alle durchlaufen. Sie war mit der Spirale des Lernens durch Initiation verbunden.

Labyrinth   Spirale

Doppelspirale
Sie symbolisiert die Zahl Zwei, die Dualität des Lebens.

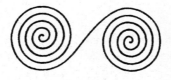

Doppelspirale

Dreifachspirale, Triquetrum und Dreifachwirbel
Diese Symbole zeigen die Energie der Zahl Drei. Oftmals standen sie mit der dreigestaltigen Göttin in Verbindung.

Dreifachspirale — Triquetrum — Dreifachwirbel

Das keltische Kreuz

Das keltische Kreuz war ursprünglich das Symbol des Medizinrads – ein durch zwei Linien in vier Teile geteilter Kreis, welche die vier Hauptabschnitte des Jahres darstellten. Als das Christentum nach England kam, wurde das Symbol des Medizinrads mit dem Symbol des christlichen Kreuzes kombiniert, und daraus ergab sich die moderne Form des keltischen Kreuzes. Das keltische Kreuz symbolisiert die sieben Richtungen. Der Kreis bezeichnet die vier Himmelsrichtungen, und das Kreuz symbolisiert den Weltenbaum, der die weiteren Richtungen kennzeichnet (oben, unten und Mitte).

Medizinrad — Keltisches Kreuz

Die vier Elemente

Diese vier Symbole wurden verwendet, um die Macht der

vier Elemente zu verkörpern – Erde, Luft, Feuer und Wasser. Jedes Objekt, das mit den Symbolen bemalt war, wurde von diesen Kräften durchdrungen.

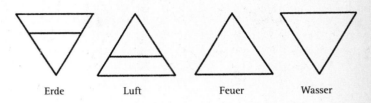

Erde   Luft   Feuer   Wasser

Das Pentagramm
Der fünfzackige Stern war der Göttin geweiht und wurde als Schutzsymbol eingesetzt.

Pentagramm

Das Ogham
Die zwanzig Symbole des Ogham wurden einzeln und kombiniert in der Baummagie angewendet (siehe Anhang, Teil 1).

Tiersymbolik
Es wurde bereits erwähnt, wie bedeutungsvoll die Tiere für die Kelten waren. Auf Waffen und magischen Werkzeugen waren Tiere abgebildet, um diese mit der Kraft der jeweiligen Tierenergie zu erfüllen.

Die Macht der Worte und Symbole erfahren

Nehmen Sie sich Zeit, um den Worten der ganz Jungen und der Alten zu lauschen. Versuchen Sie ohne Herablassung mit ihnen zu kommunizieren, und seien Sie offen für ihre Worte. Ich habe viele Weisheiten von Kindern erfahren (besonders wenn sie unter fünf Jahre alt waren) und viele natürlich von alten Menschen. Achten Sie darauf, welche Worte Sie verwenden und wie Sie diese einsetzen. Alle Kriege und Unstimmigkeiten entstehen durch mangelhafte Kommunikation. Beobachten Sie, wie Sie mit Ihrer Umwelt kommunizieren. Ich arbeite viel mit Paaren, die Kommunikationsprobleme haben. Wenn sich zwei Menschen lieben, aber dennoch ständig streiten, liegt das an der Missverständlichkeit der Worte. Worte kreieren Bilder, und verschiedene Menschen verbinden unterschiedliche Bilder mit denselben Worten. Bei dem Wort »Meer« sehe ich einen englischen Sandstrand vor mir, und alle Erinnerungen meiner Kindheitstage tauchen auf. Meine Partnerin Debbie, die in Brasilien aufgewachsen ist, denkt bei dem gleichen Wort an Palmen und tropische Vögel. Ein Wort kann zwei völlig verschiedene Eindrücke auslösen. Achten Sie auf die Bilder, die bestimmte Worte in Ihrem Geist entstehen lassen, und fragen Sie andere Menschen nach deren Wahrnehmung. Das ermöglicht Ihnen einen Einblick in die Macht der Worte und Symbole.

Achten Sie auf Zahlen und Symbole, die in der Schöpfung auftauchen. Versuchen Sie deren Schwingungen zu erspüren, indem Sie zum Beispiel ein Blatt, ein dreiblättriges Kleeblatt oder eine fünfblättrige Blume in die Hand nehmen. Achten Sie auf die unterschiedlichen Energien. Um die Fähigkeit zu erlangen, diese Schwingungen zu erspüren, braucht man Zeit und Geduld. Anfangs wird sich alles gleich anfühlen, aber wenn Sie beharrlich sind, werden Sie bestimmt belohnt werden.

Jeder Mensch besitzt eine eigene Geburtszahl, die sich aus der Summe des Geburtsdatums ergibt. Das Wissen um Ihre persönliche Zahl ist sehr nützlich, um die Welt der Zahlen und Symbole zu entdecken. Schreiben Sie Ihr Geburtsdatum auf ein Stück Papier (zum Beispiel 10.04.1955), und zählen Sie alle Zahlen zusammen. Wenn das Ergebnis mehr als eine einzelne Zahl ausmacht, dann errechnen Sie die Quersumme, bis sich eine einstellige Zahl ergibt.

Zum Beispiel:

$$10.04.1955 = 1 + 0 + 0 + 4 + 1 + 9 + 5 + 5 = 25,$$
$$2 + 5 = 7.$$

Diese Zahl wird eine der wichtigsten Zahlen in Ihrem Leben sein. Achten Sie darauf, und Sie werden feststellen, dass diese Zahl Ihnen immer wieder begegnet. Es ist schon vorgekommen, dass jemand die gleichen Zahlen in seinem Geburtsdatum und seiner Haus- und Telefonnummer hatte. Wenn Sie Ihre Zahl gefunden haben, werden Sie sich ihrer Bedeutung für Ihr Leben bewusst werden.

8
Die Weisheit der vier Elemente

Als die Kelten die Welt um sich herum beobachteten, stellten sie fest, dass viele Dinge vier Aspekte hatten – vier Windrichtungen, vier Jahreszeiten, vier Himmelsrichtungen usw. Weiterhin erkannten sie die zyklische Natur der Welt, und durch die Beachtung der vier Aspekte konnten sie feststellen, in welchem Abschnitt eines Zyklus sich etwas gerade befand. Sie benannten diese vier Aspekte Erde, Luft, Feuer und Wasser.
Die vier Elemente bildeten die Grundlage des keltischen Medizinrads und wurden zur Diagnose und Analyse physischer, geistiger und spiritueller Probleme verwendet. Die vier Elemente weisen auf vier verschiedene Aspekte des Lebens hin. So sich diese im Gleichgewicht befinden, erleben wir Friede und Harmonie. Jeder hat ein dominierendes Element in sich, das man als natürliche Stärke bezeichnen kann. Genauso hat jeder seine Schwächen, sein schwaches Element. Indem Sie erkennen, welche Elemente in Ihnen stark und welche schwach sind, können Sie an den Bereichen Ihres Lebens arbeiten, die der Stärkung bedürfen.
Das keltische ebenso wie das indianische Medizinrad zeigen uns die Zyklen, die in der Schöpfung vorkommen. In diesem Rad sind die vier Himmelsrichtungen gekennzeichnet. Jede Richtung repräsentiert einen Aspekt des Lebenszyklus. Auch die vier Elemente gehören in dieses Rad, aber wir werden sehen, dass sie uns weitaus mehr

zeigen können als die Phase des Lebenszyklus, in der wir uns gerade befinden.

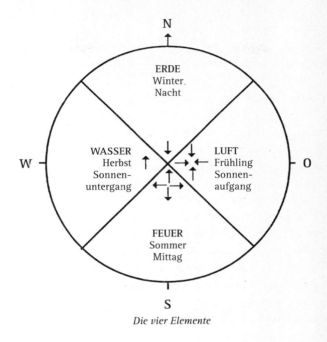

Die vier Elemente

Erde – Norden – Winter

Im Jahreszyklus stellt der Norden den Winter dar. Das ist die Zeit im Jahr, in der viele Tiere in die Erde zurückkehren, um dort zu überwintern. Auch Früchte und Blätter verwelken und vergehen und kehren durch den natürli-

chen Zerfall wieder zu Großmutter Erde zurück. Es ist eine Zeit der Ruhe und stillen Nachdenkens. Im Tageszyklus steht der Norden für die Nacht, in der Tiere in ihren Höhlen verschwinden und die Menschen schlafen gehen.
Die Kraft des Nordens bezeichnet die Kraft der Erde. Im Winter kehrt alles zur Erde zurück, alles bewegt sich abwärts. Pflanzen fallen auf die Erde *hinab*, Menschen und Tiere legen sich zum Schlafen *nieder*. Die Kraft der Erde ist abwärts gerichtet, Erdung und Entschlossenheit. Erde ist aktiv und aggressiv; in der Medizin bezieht sich das Erdelement auf die physische Struktur des Körpers.
Die positive und die negative Emotion, die mit der Erde verbunden sind, sind ein und dieselbe – Angst. Angst ist eine natürliche Reaktion auf Gefahr; sie aktiviert unsere Adrenalinausschüttung, das Flucht- oder Kampfhormon. Das ist der positive Aspekt der Angst. Die Angst wird nur dann zu einer negativen Emotion, wenn Menschen kraftlos sind und keine Herrschaft über die Angst besitzen. Sie halten die Angst fest und lassen zu, dass sie ihr Leben beherrscht.
Menschen, deren Hauptelement Erde ist, fühlen sich wohl, wenn sie unter Stress stehen. Sie haben sehr starke Nieren und Nebennieren. Sie sind physisch stark und können normalerweise jegliche Nahrung in Vitalenergie umwandeln. Athleten, Börsenmakler, Extremsportler und all jene, die körperlich arbeiten, haben meistens starke Erdenergien. Die Gefahr bei diesen Menschen ist ihre Tendenz, dominant zu sein und anderen ihren Willen aufzuzwingen. Sie neigen dazu, außer Kontrolle zu geraten, und wenn sie ihr Kraftpotenzial missbrauchen, können sie aggressiv oder gewalttätig werden.

Menschen, deren schwächstes Element Erde ist, neigen dazu, physisch schwach zu sein. Ihr Leben wird von Ängsten und Phobien bestimmt. Sie sind die Ersten, die sich anstecken, wenn eine Krankheit im Umlauf ist. Sie sind sehr empfindlich, was Nahrung betrifft, und wenn sie sich nicht vernünftig ernähren, sind sie nicht bei Kräften. In vielen Fällen ist es ihnen unmöglich, Fleisch zu verdauen, und deshalb neigen diese Menschen zum Vegetarismus, nicht aus ethischen Gründen, sondern weil sie Fleisch nicht vertragen.

Andere, deren schwächstes Element Erde ist, sind spirituell sehr ambitioniert, achten dabei aber nicht auf eine ausreichende Erdung. Sie werden oft als »abgehoben« bezeichnet. Sie sind so stark spirituell ausgerichtet, dass sie nicht mehr in der Lage sind, die physische Ebene zu meistern. Ein spirituelles Dasein ist nutzlos, wenn man dieses Wissen nicht auf der physischen Ebene umsetzen kann. Viele Menschen glauben fälschlicherweise, dass wir nur ein begrenztes Potenzial an Spiritualität in uns tragen und dass das Geerdetsein uns davon abhält, die spirituellen Höhen zu erreichen, nach denen wir uns sehnen. Diese Vorstellung ist vollkommen falsch. Es gibt keine Begrenzung für das spirituelle Vorwärtskommen, und je besser man geerdet ist, in umso höhere Bereiche kann man gelangen.

Da der Norden die Zeit der Dunkelheit repräsentiert, haben viele Menschen Schwierigkeiten, ihre Erdverbundenheit zu akzeptieren. Das gilt auch für die Menschen, deren Hauptelement Erde ist. Erde symbolisiert Weisheit, die Fähigkeit zu erkennen, wie man Wissen effektiv einsetzen kann. Ohne eine Wiedervereinigung mit der Erde wird die

Menschheit nie die Weisheit entdecken, die für Gleichgewicht und Harmonie unerlässlich ist.

Luft – Osten – Frühling

Im Jahreszyklus wird der Frühling durch den Osten repräsentiert, die Zeit, in der die Pflanzen Nährstoffe aus der Erde ziehen. Es ist der Bereich der Geburt und der Erleuchtung. Wenn ein Kind geboren wird, kommt es ans Licht und fängt an zu atmen. In einem Tageszyklus kennzeichnet der Osten die Dämmerung, den Sonnenaufgang. Es ist die Zeit des Erwachens.

Die Kraft des Ostens ist die Kraft der Luft. Im Frühling wird alles wieder zum Leben erweckt. Die Pflanzen sammeln Nährstoffe, und die Neugeborenen atmen Luft ein. Die Kraft der Luft wirkt einwärts. Es ist der Bereich des Lernens, des Ansammelns von Wissen und der Erfahrung. Die Luft steht mit der linken Gehirnhälfte, dem Denken, der logischen Seite in Verbindung. Es ist der Bereich sozialer Interaktionen. Wir sind alle mit individuellen Fähigkeiten und Talenten geboren worden. Im Laufe unseres Lebens versuchen wir die Qualität dieser Talente zu verbessern und neue zu erlernen. Dies geschieht hauptsächlich durch unsere sozialen Interaktionen.

Manchmal trifft man Menschen, zu denen man sich augenblicklich hingezogen fühlt. Diese Menschen haben etwas, das uns anzieht. Der Grund für diese Anziehung liegt darin, dass wir etwas von ihnen lernen können. Dieses Wissen wird in Ihnen entweder neue Fähigkeiten entstehen lassen oder schon vorhandene verbessern. Ist die

Anziehung beidseitig, was oft der Fall ist, hält jeder für den anderen Wissen bereit.

Menschen mit dem Hauptelement Luft haben die Gabe, die Schritte zu erkennen, die sie zur Erfüllung ihrer Ziele führen. Sie haben starke Lungen und die natürliche Fähigkeit, durch soziale Interaktionen zu lernen. Sie besitzen die Fähigkeit, Dinge zu durchschauen und beharrlich ihren Kurs einzuhalten. Langstreckenläufer zum Beispiel brauchen die Kraft des Luftelements, die Kraft der Ausdauer. Luftmenschen tendieren zu regelmäßiger Ernährung. Entweder nehmen sie den Tag über mehrere kleine Mahlzeiten zu sich, oder sie essen dreimal täglich. Sie lieben das Licht und fühlen sich darin am wohlsten. Da das Element Luft das »ans Licht kommen« symbolisiert, neigen Luftmenschen oft dazu, Angst vor der Dunkelheit zu haben. Sie brauchen den sozialen Kontakt und sind oft sehr charismatisch.

Die negative Emotion, die dem Element Luft zugeordnet ist, ist das Beurteilen. Menschen mit viel Luft neigen dazu, die Fehler der anderen zu verurteilen, und lenken dadurch von ihren eigenen ab. Sie wollen verhindern, dass ihre Schwächen sichtbar werden. Menschen, die andere verurteilen, haben meistens wenig Freunde. Die positive Emotion der Luftmenschen ist die Urteilskraft. Sie wählen ihre Freunde sorgfältig aus und unterscheiden Wahrheit von Täuschung.

Menschen, deren schwächstes Element Luft ist, tendieren dazu, sich von der Gesellschaft abzuschotten. Sie neigen zu Bewertungen, haben Schwierigkeiten, ihre Lektionen zu verstehen, und durchlaufen dieselben Szenarien mehrere Male, bevor sie daraus lernen; das gilt besonders für ihre

Beziehungen. Sie leiden oft unter Asthma, Ekzemen, Husten und Erkältungen. Die westliche Zivilisation ist in diesem Bereich eher schwach. Wir haben unsere Luft verpestet und erkennen die Lektionen nicht, die aus den Konsequenzen entstehen. Umweltspezialisten beginnen gerade erst zu verstehen, wie wichtig saubere Luft für die Gesundheit des gesamten Planeten ist.

In extremen Fällen manifestiert sich eine Schwäche des Luftelements als schwere geistige Krankheit, die oft zur Ausgrenzung aus der Gesellschaft führt, und das bedeutet, abgeschnitten zu sein von den Interaktionen, die das Lernen mit sich bringt.

Feuer – Süden – Sommer

Der Süden ist im Jahreszyklus die Zeit des Sommers, in der die Sonne am kräftigsten ist und große Aktivität herrscht. Im Tageszyklus ist es der Mittag. In der Zeit, in der die Sonne ihren Höhepunkt erreicht, ist alles in der Natur ausdrucksstark. Die Blumen verströmen ihren Duft, um die Bienen anzuziehen, die Insektenwelt schwärmt umher, alles summt und krabbelt mit großem Eifer. Auch Menschen fühlen sich energiegeladener, wenn die Sonne scheint.

Die Kraft des Südens ist die Kraft des Feuers. Im Sommer schenkt uns die Glut der Sonne Wärme. Manchmal entzündet sie auch Feuer, das sich rasend schnell ausbreitet. Die Energie des Feuers wirkt nach außen und ist sehr ausdrucksstark. Es ist der Bereich des ungehinderten Ausdrucks und Schicksals. Feuer ist Energie und wird mit dem

Selbst assoziiert. Es ist der rechten Gehirnhälfte zugeordnet, der intuitiven Seite. Viele Menschen glauben, dass die Intuition ihr Wissen vom höheren Selbst bezieht. Das ist nicht der Fall. Intuition ist die Verbindung mit unserem höheren Selbst. Um intuitiv zu arbeiten, müssen Sie die Verbindung aufnehmen, Sie müssen die Energie aufbringen, um Ihr höheres Selbst zu erreichen. Das ist die Kraft des Feuers.

Menschen, deren Hauptelement Feuer ist, sind sich ihrer wahren Natur und ihres Schicksals sehr stark bewusst. Sie haben eine kräftige Leber und sind sehr intensiv in ihrem Ausdruck. Sie sind visionär und setzen sich hohe Ziele, obwohl ihnen oftmals die Kraft der linken Gehirnhälfte, die die Realisierung ermöglicht, fehlt. Sie fühlen sich zu Heilern, Künstlern und anderen Tätigkeiten berufen, bei denen die Fähigkeit, sich auszudrücken, sehr wichtig ist. Auch Sprinter brauchen die Kraft des Feuers, die Kraft, ihre Energie für kurze Zeit zu konzentrieren. Sie wählen gerne Nahrungsmittel, die ihnen eine geballte Energieausschüttung ermöglichen. Komplexe Kohlenhydrate, wie sie in Getreide vorkommen, sind besonders gut für Feuermenschen. Sie brauchen konstante Energie, um ihre Fähigkeiten zur Entfaltung bringen zu können. Sie haben ein starkes Gefühl für ihre persönliche Freiheit und den freien Fluss von Energie und Gefühlen.

Menschen, deren schwächstes Element Feuer ist, neigen zu Wutausbrüchen, weil es ihnen schwer fällt, sich auszudrücken. Sie wissen nicht wirklich, wohin ihr Leben sie führt, und haben oft das Gefühl, es fehle ihnen an Energie, Pläne umzusetzen. Diese Menschen sind häufig emotional blockiert und neigen zu Krebserkrankungen. Jeder Krebspatient, den ich bisher behandelt habe, hatte einen Bereich in seinem Leben, in dem er blockiert war. Menschen von ihren Blockaden und ihrer Stagnation zu befreien ist der sicherste Weg, um die eskalierende Zahl von krebskranken Menschen in der modernen Gesellschaft zu reduzieren.

Wasser – Westen – Herbst

Im Jahreszyklus repräsentiert der Westen den Herbst, die Zeit des Jahres, in der die Früchte reifen. Es ist der Bereich der Ernte und der Freude an der Großzügigkeit von Großmutter Erde. Im Tageszyklus bezeichnet der Westen den frühen Abend, die Zeit der Entspannung nach der Arbeit des Tages, die Zeit der untergehenden Sonne. Die Tiere kommen zur Ruhe und genießen die Wärme der späten Nachmittagssonne, bevor sie untergeht. Alles wirkt friedlich und entspannt.
Die Kraft des Westens ist die Kraft des Wassers. Im Herbst sind die Früchte voller Saft, und die Energie ist satt und ruhig. Die Kraft des Wassers wirkt aufwärts, tragend, aufrichtend. Wasser wird mit Ruhe und Entspannung, guter Stimmung und liebevoller Energie in Verbindung gebracht. Es ist der Bereich des Heims und der Ernährung, der Zufriedenheit und Sattheit.
Menschen, deren Hauptelement Wasser ist, wissen, wie man »im Fluss« bleibt. Sie geben gerne und sind meistens wunderbare Köche. Sie wissen Liebe in ihre Mahlzeiten zu zaubern und können aus wenigen Zutaten ein köstliches Mahl bereiten. Sie sind sensibel und lächeln immer, stets

bemüht, das Positive einer Situation zu erkennen. Sie sind sehr liebevoll und herzlich und besitzen ein Gespür für Wohlgefühl und Zugehörigkeit. In vielen Fällen sind sie eher nachtaktiv (da der Mond mit dem Wasser in Verbindung steht) und speisen gerne und gut in einer warmen, entspannten Umgebung.

Menschen, deren schwächstes Element Wasser ist, leiden oft unter Depressionen und haben Schwierigkeiten, ihren Geist zu erhellen. Sie haben einen schwachen Kreislauf und neigen zu Übersäuerung und allen gesundheitlichen Problemen, die eine Folge davon sind, wie Magengeschwüre, Stress und Herzprobleme. Sie neigen zu Abhängigkeit bis hin zu absoluter Unterwürfigkeit, und sie sind ständig auf der Suche nach Liebe.

Die vier Elemente ins Gleichgewicht bringen

Ein Ungleichgewicht der Elemente führt zu disharmonischen Beziehungen. Für eine wahrhaft glückliche, anhaltende Beziehung müssen sich alle vier Elemente im Gleichgewicht befinden. Menschen, die ein Übermaß an Erdenergie haben und deren Elemente nicht im Gleichgewicht sind, neigen dazu, übermäßig körperlich und sexuell orientiert zu sein. Ihr Leben besteht aus flüchtigen Affären und Freundschaften. Menschen, die zu viel Luft haben, betrachten ihren Körper lediglich als Hilfsmittel. Bei ihnen besteht die Gefahr der Prostitution, indem sie ihr wertvollstes Hilfsmittel für Geld verkaufen. Menschen, die einen Überschuss an Feuerenergie haben, suchen nur nach

Beziehungen mit Menschen mit der gleichen Einstellung. Sie schließen alle aus, die nicht hundertprozentig mit ihnen übereinstimmen. Sie tendieren zu heftigen Beziehungen mit Kollegen und Mitarbeitern, immer versucht, den anderen zu dem zu machen, den sie sich vorstellen. Menschen mit zu viel Wasserenergie gehen nur platonische Beziehungen ein. Sie fühlen sich zu schwach und ängstlich für eine körperliche Beziehung.

Für eine umfassende Gesundheit braucht man das Gleichgewicht der vier Elemente. Man braucht Zeit zum Arbeiten (Erde), eine Zeit der Ruhe (Wasser), Zeit für Selbstausdruck (Feuer) und Zeit für soziale Kontakte (Luft). Es gibt viele Möglichkeiten, die Bereiche zu stärken, die zu kurz kommen. Sollte Erde Ihr schwaches Element sein, so müssen Sie Kraft und Entschlossenheit aufbauen. Stellen Sie sich zunehmend schwierige Aufgaben. Wachsen Sie über sich selbst hinaus, und lernen Sie, sich zu disziplinieren und das umzusetzen, was Sie sich vorgenommen haben.

Wenn Wasser Ihr schwaches Element ist, müssen Sie auf mehr Entspannung und gesunde Ernährung achten. Verbringen Sie Zeit mit positiven Menschen, haben Sie Spaß, und fangen Sie an, das Leben zu genießen. Wenn Sie mit Ihrer Arbeit unglücklich sind, schwächt das diesen Bereich, und es wäre ratsam, sich nach einer geeigneteren Beschäftigung umzusehen. Verbringen Sie Zeit in der Natur, das hebt die Stimmung. Falls Sie sich zu Hause nicht entspannen können, sollten Sie sich Ihren Platz neu gestalten. Oder suchen Sie Ihre Entspannung außerhalb, wie zum Beispiel in einem Park oder an einem See.

Haben Sie zu wenig Feuer, sollten Sie eine Veränderung in Ihrem Leben wagen. Fangen Sie an, das zu tun, was Sie gerne tun. Drücken Sie sich aus – lernen Sie lachen, weinen, jubeln und schreien, wenn Sie den Wunsch danach verspüren. Fühlen Sie sich in Ihr Schicksal ein, fühlen Sie, was Sie wirklich wollen. Eine Möglichkeit, das herauszufinden, ist die Beantwortung der zwei folgenden Fragen: »Was würden Sie tun, wenn Sie nur noch sechs Monate zu leben hätten?« und »Was würden Sie tun, wenn Sie Millionär wären?« Ein Mangel an Zeit und Geld hindert die meisten Menschen daran, das zu tun, was sie wollen. Aber Sie *können* tun, was Sie wollen. Zuerst sollten Sie herausfinden, was Sie wirklich wollen. Dann versuchen Sie, Wege zu finden, die Sie Ihrem Traum näher bringen. Denken Sie daran, dass manchmal Opfer notwendig sind, um seine Träume erfüllen zu können.

Wenn Luft Ihr schwaches Element ist, sollten Sie sich nach neuen Freunden oder neuen Aktivitäten umsehen. Nehmen Sie Kontakt mit Menschen auf, oder suchen Sie Orte auf, die Ihrer Entwicklung förderlich sind. Es stehen Ihnen alle erdenklichen Hilfsmittel zur Verfügung; lernen Sie, diese zu finden. Verbringen Sie Zeit mit Menschen, die Ihre Interessen teilen, und seien Sie für alle Lektionen offen. Denken Sie daran, dass Sie nur das anziehen, was Sie zum Lernen benötigen.

Sie können herausfinden, welches Ihr schwächstes Element ist, indem Sie sich die Frage stellen: »In welchem Bereich meines Lebens habe ich am meisten Stress?« Die Antwort wird auf eine der folgenden Kategorien zutreffen: In der Arbeit (Ihr schwächstes Element ist Erde), zu Hause (Ihr schwächstes Element ist Wasser), bei gesellschaftlichen Anlässen (Ihr schwächstes Element ist Luft) oder in Ihrem Selbstausdruck (Ihr schwächstes Element ist Feuer). Die meisten Menschen bedürfen der Verbesserung in allen Lebensbereichen. Anhand der vier Elemente können Sie Ihre Schwachstellen erkennen und sie stärken. Die unmittelbare Nähe zu den Elementen hilft Ihnen, sich in deren Energie einzustimmen. Brauchen Sie die Kraft der Erde, so gehen Sie in den Garten und graben die Erde um oder laufen barfuß über eine Wiese. Meditieren Sie in Höhlen oder Wäldern. Sollten Sie mehr Luft brauchen, dann gehen Sie in die Natur oder ans Meer und atmen dort die frische Luft tief ein. Meditieren Sie auf einem Berg oder auf anderen hoch gelegenen Plätzen. Fehlt Ihnen Feuer, so konfrontieren Sie sich damit, beobachten Sie es. Schauen Sie in ein Feuer, oder meditieren Sie, während Sie auf eine Kerze blicken. Sollten Sie mehr Wasser brauchen, dann beobachten Sie den Mond und seine Zyklen; er ist unabdingbar mit der Bewegung aller Flüssigkeiten auf diesem Planeten verbunden. Meditieren Sie an Flüssen oder Seen.

Den vier Elementen sind – ebenso wie den fünf Elementen der Chinesen – positive wie negative Aspekte zugeordnet. Sie können niemals zu viel von einem Element in sich haben; ein Übermaß an einem bestimmten Element bedeutet daher, dass die anderen Elemente zu schwach sind, und daraus resultiert ein Übergewicht des einen Elements im Hinblick auf das Gesamtbild. Ein Element dominiert, weil die anderen Elemente nicht stark genug sind, um ein Gleichgewicht zu ermöglichen.

Wenn ich Menschen mit Beziehungsproblemen behandle, dann verwende ich die vier Elemente, um Schwachstellen ausfindig zu machen.

Ich stelle ihnen die vier folgenden Fragen:

1. Erde –   Fühlen Sie sich physisch zueinander hingezogen?
2. Luft –   Teilen Sie innere Werte und Fähigkeiten, oder lernen Sie voneinander?
3. Feuer –   Haben Sie dieselben Ziele?
4. Wasser –   Lieben/mögen Sie sich?

Diese vier Fragen lokalisieren die problematischen Bereiche sehr schnell, und so können wir uns auf die Lösungen konzentrieren.

Je mehr Sie sich mit der äußeren und mit der inneren Welt beschäftigen, desto mehr entdecken Sie die Kraft der vier Elemente und die Notwendigkeit, diese ins Gleichgewicht zu bringen. Sie ermöglichen Ihnen eine neue Lebensperspektive und schenken Einsichten, die Ihnen helfen, die Probleme, die den Fortschritt auf Ihrem Weg behindern, zu lösen.

Mit den Elementen arbeiten

Finden Sie heraus, welches Ihr starkes und welches Ihr schwaches Element ist. Schauen Sie sich die Bereiche in Ihrem Leben an, die der Verbesserung bedürfen. Erstellen Sie einen Arbeitsplan zur Stärkung Ihrer Schwachstellen. Das ist so ähnlich wie das Trainingsprogramm eines Athleten. Bearbeiten Sie jeweils nur ein Thema. Versuchen Sie nicht, alles auf einmal zu verändern. Überprüfen Sie Ihren Plan wöchentlich, und haken Sie die Bereiche ab, in denen Sie sich verbessert haben. Ergänzen Sie Ihren Trainingsplan mit Themen, die neu aufkommen. Denken Sie daran, dass die einzige Konstante im Leben Veränderung ist.

Sie werden erstaunt sein, wie sehr Sie Ihre Lebensqualität verbessern können, wenn Sie geduldig an Ihren Schwachstellen arbeiten, anstatt zu akzeptieren, dass »das Leben eben so ist«. Heißen Sie Veränderungen willkommen, denn durch Veränderungen lernen wir am meisten. Sollten Sie einen Altar besitzen, so können Sie Gegenstände, die die vier Elemente repräsentieren, in der jeweiligen Himmelsrichtung aufstellen. Ein Schälchen mit Salz in den Norden (Erde), Räucherwerk in den Osten (Luft), eine Kerze in den Süden (Feuer) und ein Schälchen mit Wasser in den Westen (Wasser).

So Sie die Unterstützung von einem der Elemente benötigen, schauen Sie in die entsprechende Richtung und sprechen ein einfaches Gebet, in dem Sie um Hilfe bitten. Auch im Pflanzenreich gibt es Helfer, die schwache Elemente stärken können. Wenn Sie mehr Erde, also Erdung, brauchen, sollten Sie mehr Wurzelgemüse essen, besonders in Form von Eintöpfen. Brauchen Sie Wasser, so trinken Sie Tee aus Zitronenmelisse. Brauchen Sie mehr Luft, ist Pfefferminze ein wirksames Mittel. Löwenzahn unterstützt die Leber und verbessert dadurch die Feuerenergie. Sollten Sie das Gleichgewicht der vier Elemente herstellen wollen, müssen Sie sich auf die Schwingung der Zahl Vier einstimmen – ein vierblättriges Kleeblatt kann Ihnen dabei behilflich sein.

9
Weise Männer und Frauen der keltischen Tradition

Wir haben bereits einige Aspekte keltischer Weisheit kennen gelernt. Ein großer Teil dieser Weisheit resultiert aus dem Herstellen von Verbindungen. Diese entstehen durch das Zusammenfügen von bereits vorhandenem Wissen und neuen Informationen. Wenn sich jemand mit Spiritualität beschäftigt, sei die Ausrichtung nun keltisch, indianisch, christlich oder buddhistisch, dann wird dieser Mensch auf neue Informationen stoßen und neue Einsichten gewinnen, die in das eigene Glaubenssystem integriert werden müssen. Können diese Informationen nicht verarbeitet werden, wird entweder die neue Einsicht oder das alte Glaubenssystem abgelehnt.

Im Allgemeinen versuche ich, offen zu sein. Ich lehne nichts sofort ab, nur weil es nicht mit meinem Glauben übereinstimmt. Wenn mich etwas interessiert oder meine Neugier anregt, forsche ich weiter und suche nach Verbindungen zu meinem Wissen oder Glauben. Auf diese Weise habe ich manches herausgefunden, das mich zu neuen Einsichten führte.

Ich habe erkannt, dass Wahrheit die Basis aller Religionen und spirituellen Praktiken ist. Oftmals wurde diese Wahrheit von den Menschen für ihre eigenen selbstsüchtigen Zwecke manipuliert und verfälscht. Dennoch kann man die Wahrheit immer finden, wenn man nach ihr sucht.

Als ich mich mit asiatischen Heilmethoden und Ernährung beschäftigte, stellte ich fest, dass vieles, was mir aus keltischer Sicht bekannt war, mit den Ansichten der chinesischen Medizin übereinstimmte. Bei den Chinesen gibt es fünf Elemente: Erde, Wasser, Holz, Metall und Feuer. Diese korrespondieren mit den vier Elementen der Kelten.

Das chinesische Element Wasser bezieht sich auf dessen Charakteristik, das Abwärtsfließen. Das entsprechende keltische Element ist die Erde mit der zugeordneten Abwärtsbewegung. Im chinesischen System entsteht Metall durch die Kompression der Erde, vergleichbar mit dem Element Luft des keltischen Systems mit seiner Einwärtsbewegung. Das chinesische Element Holz beinhaltet das Bild von sprießenden Schösslingen, daher die Verbindung mit dem ausdrucksstarken Element Feuer.

Das chinesische Element Feuer schnellt hoch, was wiederum mit der aufwärts gerichteten, lebhaften Energie des Elements Wasser korrespondiert.

Das chinesische Element Erde symbolisiert Zentriertheit und ist im Körper dem Magen und der Milz zugeordnet. Bei den Kelten befand sich das Zentrum des Schamanen, der Ort, an dem er seine Energie zentriert, an genau dieser Stelle des Körpers. Das chinesische Element Erde korrespondiert mit dem harmonischen Gleichgewicht aller vier keltischen Elemente.

Die Beschäftigung mit dem keltischen Weg eröffnet weitere Verbindungen mit dem Wissen, das Sie bereits haben. Die Weisheit in den keltischen Mythen und Sagen ist oft schwer greifbar. Es ist nicht leicht, Entsprechungen zu finden, aber sie existieren. Um diese Verbindungen deutlich werden zu lassen, muss man zuerst die Charaktere der kel-

tischen Geschichten kennen lernen und wissen, was sie repräsentieren (siehe Anhang, Teil 1).
Die Geschöpfe in den keltischen Geschichten sind sehr unterschiedlich und eigentümlich. Es gibt solche, die von dieser Welt zu sein scheinen, und wieder andere, die offensichtlich aus einer anderen Welt kommen. Einige sind menschlicher Natur, andere übernatürliche Wesen. Es gibt Riesen, Feen, Trolle, Zwerge, Götter und Göttinnen und mythische Tiere. Sie alle haben etwas zu lehren. Im Folgenden werden einige dieser Charaktere beschrieben.

Schamanen, Eremiten und weise Frauen

Die menschlichen Wesen, von denen häufig in keltischen Geschichten berichtet wird, existierten tatsächlich in der sichtbaren Welt, obwohl sie ohne Zweifel Zutritt zu anderen Welten hatten. Sie besaßen die Fähigkeit, sich in andere Sphären zu begeben, um dort andersartige Wesen oder Geschöpfe zu treffen. Diese Reisen fanden hauptsächlich in einem Trancezustand statt. Manchmal brauten sie einen Kräutertrank oder rauchten bestimmte Kräutermischungen, um ihr Bewusstsein zu verändern und dadurch Zugang zu diesen Sphären zu bekommen.
Ein Schamane oder eine weise Frau waren normalerweise Teil eines Stammes und übernahmen die Rolle des »Medizinmanns«. Sie wurden bei allen spirituellen, emotionalen und körperlichen Problemen konsultiert. Sie leiteten die Zeremonien, die den Kelten so wichtig waren, um die Verbindung mit der Erde aufrechtzuerhalten. Sie heilten sie, machten Weissagungen und waren für die gesundheitli-

chen Belange des Stammes auf allen Ebenen zuständig. Der Eremit hingegen war eine weise Person, die sich für ein einsames Leben entschieden hatte, vergleichbar einem Einsiedlermönch. Eremiten wollten in so enger Verbindung wie möglich mit der Natur leben; sie befanden sich in völliger Harmonie mit ihrer Umwelt. Man suchte sie auf, wenn besonders schwerwiegende Probleme auftauchten. Ihr Wissen war sehr tief. Sie sprachen wenig, aber was sie sagten, war immer weise.

Die Traditionen der Schamanen, Eremiten und weisen Frauen bestehen seit der vorkeltischen Zeit bis heute. Heutzutage sind diese Menschen meist schwer zu finden, da sie sich von der modernen Gesellschaft zurückziehen. Manche befassen sich nur noch mit bestimmten Teilaspekten der alten Traditionen, wie zum Beispiel mit Kräuterkunde und einfacher Magie. Andere reisen nach wie vor in andere Sphären, leben wie ihre Vorfahren und erfüllen die äußerst notwendige Aufgabe, die Verbindung der Menschheit mit der Natur aufrechtzuerhalten.

In den Sphären, von denen hier die Rede ist, werden die herkömmlichen menschlichen Fähigkeiten transzendiert. Ein Schamane, der sich in andere Sphären begibt, kann mit allem kommunizieren, was ihm begegnet, seien es nun Pflanzen, Bäume, Steine, Tiere oder übernatürliche Wesen. Innerhalb dieser Sphären kann er auch seine Gestalt wandeln, um seine Ziele zu verfolgen. Diese Sphären werden aufgesucht, wenn die Lösung eines Problems nicht auf physischer Ebene zu finden ist. Wenn der Schamane mit den Geschöpfen und Geistern kommuniziert, versucht er eine Veränderung zu bewirken, die er in die physische Welt mit hinübernimmt; bei dieser Veränderung kann es sich um eine neue Sichtweise handeln, oder eine Heilung findet statt, die auf der körperlichen Ebene nicht vollzogen werden konnte.

Druiden, Seher und Barden

Im keltischen Gallien (das heutige Frankreich und Norditalien) gab es nach Aussage klassischer Schriftsteller wie zum Beispiel Poseidonius, Lucan und Cäsar drei Gruppen – die Druiden, die Seher und die Barden. In Irland und Wales wurden die Seher auch als *fili* (Singular *filidh*) bezeichnet, während die Druiden und Barden ihre gallischen Bezeichnungen beibehielten.
Die Druiden wurden von den Kelten hoch geschätzt. Sie mussten keine Steuern zahlen und erfüllten die Aufgaben von Priestern, Lehrern und Richtern. Sie waren in Philosophie, Astronomie und Magie geschult. Druiden leiteten Zeremonien und schlichteten Streitigkeiten. Es gab ein Druidenoberhaupt, das nur nach seinem bzw. ihrem Tod ersetzt wurde. Üblicherweise wurde der oder die Weiseste zum nachfolgenden Oberhaupt ernannt; falls es jedoch mehrere Kandidaten/innen mit gleichen Fähigkeiten gab, wurde eine Wahl abgehalten, an der sich alle Druiden beteiligten.
Die Druiden kannten sich in magischen und astronomischen Angelegenheiten sehr gut aus. Sie wussten, dass alles miteinander verbunden ist. So galt das Erscheinen eines Kometen oder die Feststellung, dass ein Himmelskörper heller oder matter schien als sonst, als Vorzeichen für große Veränderungen. Es wurden Rituale und Zeremonien

abgehalten, um dem Stamm behilflich zu sein, die Veränderungen willkommen zu heißen und sich auf die neuen Schwingungen einzustimmen. Die Druiden waren in der Lage, das Wetter zu beeinflussen und andere magische Künste auszuüben, doch ist leider vieles von diesem Wissen verloren gegangen. Nur durch sorgfältige eigene Nachforschungen und das weise, selbstlose Weitergeben von Wissen können wir diese magischen Praktiken wiederbeleben.

Die Druiden schrieben ihr Wissen nicht nieder, aber sie gaben viele der alten Gedichte und Überlieferungen mündlich weiter. Die Ausbildung eines Druiden konnte bis zu zwanzig Jahren dauern; arme Familien schickten oftmals eines ihrer Kinder zu den Druiden und baten diese, das Kind aufzunehmen und zu unterrichten. Das Druidentum erlebt seit einiger Zeit eine großartige Renaissance. In England, Irland und Deutschland beispielsweise gibt es Gesellschaften, denen man sich anschließen kann, wenn man am Druidentum interessiert ist.

Die Seher Galliens verschwanden im Laufe der Zeit, aber ihre Entsprechung, die Fili, haben in Irland und Wales in einem gewissen Ausmaß bis in die heutige Zeit überlebt. Die Fili waren Schamanen und Dichter, und es war ihre Aufgabe, die alten Geschichten der Vorfahren zu bewahren und neue Gedichte zu verfassen, welche die Tugenden und Abenteuer der gegenwärtigen Herrscher priesen.

Die Fili waren eine mächtige und kostspielige Truppe, die weder im herkömmlichen Sinne arbeiteten noch Steuern bezahlten. Ihre Position wurde auf der Versammlung bei Druim Cetta (um 575 unserer Zeitrechnung) beanstandet, aber sie wurden niemals wirklich belangt, da sie eine

Furcht einflößende und geheimnisvolle Aura umgab. Die Fili waren dafür bekannt, dass sie diejenigen, die ihnen nicht passten, mit einem *aer*, einem dichterischen Fluch, belegen konnten, und diese Verwünschungen konnten großen körperlichen Schaden oder sogar den Tod verursachen.

Die Fili waren in sieben Stufen unterteilt. *Ollamh* bezeichnete die höchste Stufe und wurde frühestens nach zwölf Jahren Studium erreicht. Während dieser Zeit mussten die Fili zweihundertfünfzig Haupt- und hundert Nebenerzählungen auswendig lernen. Sie kannten sich mit Reimen und Versmaßen hervorragend aus und mussten über dreihundert verschiedene schwierige Versformen beherrschen, um den höchsten Grad zu erlangen. Dank der Fili und Barden haben wir ein so reiches Angebot an keltischer Literatur.

Nachdem sich das Christentum in England ausgebreitet hatte, gingen viele Fili in Klöster. Anderen wurde im sechsten Jahrhundert Land zugesprochen. Damit war die Aufgabe verbunden, die Menschen über gesetzliche Angelegenheiten, Literatur und Geschichte aufzuklären. Sie richteten Lehranstalten ein, welche die Vorläufer der bardischen Schulen waren. Im zwölften Jahrhundert war der Unterschied zwischen Fili und Barden nicht mehr so deutlich, und im dreizehnten Jahrhundert bekamen die Barden den Vorrang und gründeten weiterhin die großartigen bardischen Ausbildungsstätten.

Barden waren ursprünglich die Stammesunterhalter, die Geschichten über die heldenhaften Kämpfe vortrugen und die herrschenden Klassen verspotteten. Sie prägten sich viele Geschichten ein, und in Irland und Wales gaben sie diese so lange von Generation zu Generation weiter, bis sie schließlich niedergeschrieben wurden. Obwohl sich ihre

Anzahl während des Mittelalters verringerte, verschwanden sie dennoch niemals ganz. Noch heutzutage werden sie in Wales in einem jährlich stattfindenden Poesie- und Musikfest namens *Eisteddfod* geehrt.

Götter und Göttinnen

Die keltische Literatur ist reich an unterschiedlichen archetypischen Charakteren. Die meisten wurden eher als Verbündete denn als Götter betrachtet. Es gab die Hüter der Flüsse, welche beim Fischfang behilflich waren und eine sichere Überfahrt gewährten; es gab die Hüter der Wälder und die Pflanzengeister, die für Heilzwecke und Magie befragt wurden. Viele dieser Wesen wurden sehr ähnlich behandelt wie die modernen Heiligen. Tatsächlich wurden einige von ihnen während des sich ausbreitenden Christentums durch Heilige ersetzt. Das bekannteste Beispiel hierfür ist Brighid, eine keltische Göttin, die durch die heilige Brigit ersetzt wurde. Viele dieser Heiligen besaßen dieselben Kräfte wie ihre heidnischen Vorgänger.
Bei den Kelten hatte alles eine Bedeutung. Unser modernes Leben ist meistens zu geschäftig, um uns Zeit zu lassen, die Bedeutsamkeit der Dinge zu erfassen. Unser Geist ist so voll von Bildern, dass es über unser mentales Fassungsvermögen hinausgeht, die Bedeutsamkeit zu erkennen. Unser heutiges Leben ist sehr kompliziert, während die Lebensweise der Kelten höchst einfach war. Nur indem wir unser Leben wieder vereinfachen, können wir beginnen, die Bedeutungen aller Dinge und Geschehnisse wahrzunehmen.

Nachdem ein Kelte einen Gott oder eine Göttin um Hilfe angerufen hatte, hielt er nach Zeichen Ausschau, die ihm anzeigten, dass er Gehör gefunden hatte. Begegnete ihm während dieser Zeit ein Tier, so hatte das seine Bedeutung. Die Charakteristika des Tiers dienten ihm als Zeichen im Hinblick auf sein Problem. Oftmals wurde das Tier dem Gott oder der Göttin zugeordnet, nachdem es zur Lösung eines Problems beigetragen hatte. Daraufhin wurde dieses Tier zusammen mit dem Archetypus gemalt oder in Stein gemeißelt.

Die Verbundenheit allen Seins war die Basis der keltischen Weltanschauung. Sei es ein Stein, ein Tier, ein Archetyp, eine Pflanze, ein Sonnenuntergang oder eine Wolke, alles war miteinander verbunden. Die Indianer sagen: »Wir sind alle miteinander verwandt.« Das bedeutet, dass alles miteinander verbunden ist. Man kann von allem lernen, wenn man dafür offen ist. Die Kelten hatten dieselbe Auffassung. Das heißt, alles, was Ihnen auffällt, hat eine Bedeutung für Sie, oder alles, was Ihre Aufmerksamkeit erregt, hält eine Lektion für Sie bereit.

Auf Bedeutungen und Verbindungen achten

Halten Sie nach Bedeutungen und Verbindungen in Ihrem Leben Ausschau. Ganz gleich wo Sie leben, ob in der Stadt oder auf dem Land, überall warten Botschaften und Lektionen auf Sie. Sollte etwas Ihre Aufmerksamkeit erregen, dann finden Sie heraus, welche Bedeutung das für Sie hat. Sie sehen zum Beispiel ein rotes Kleid, das Ihnen gefällt, in einem Schaufenster hängen.

Das könnte bedeuten, dass Sie mehr Rot in Ihrem Leben brauchen. Farben haben Schwingungen, genauso wie Zahlen und Symbole. Die Farben des Regenbogens sind den sieben Energiezentren (Chakren) des Körpers zugeordnet. Rot ist die Farbe des Basis-Chakras (Genitalbereich); Orange ist die Farbe des Sakral-Chakras (Beckenraum/Nabel); Gelb ist die Farbe des Solarplexus-Chakras; Grün ist die Farbe des Herz-Chakras; Blau ist die Farbe des Hals-Chakras; Indigo ist die Farbe des Dritten Auges und Violett die Farbe des Scheitel-Chakras. Sollten Sie bemerken, dass eine bestimmte Farbe Sie sehr anzieht, bedeutet das, dass Sie diese Energie in Ihrem Leben benötigen, um Ihre Chakren ins Gleichgewicht zu bringen.

Achten Sie auf die Tiere und Vögel, die Ihnen begegnen. Besonders wenn Sie Augenkontakt mit ihm haben, hat Ihnen dieses Tier etwas mitzuteilen. Finden Sie heraus, was Sie von ihm lernen können. Wenn ein hübscher Kieselstein auf Ihrem Weg liegt, nehmen Sie ihn mit. Sie können ihn während der Meditation in der Hand halten und darauf achten, was Ihnen in den Sinn kommt, oder Sie legen ihn auf Ihren Altar als Erinnerung daran, dass alles von Bedeutung ist.

Die Bedeutsamkeit aller Dinge anzuerkennen heißt, die Gelegenheit wahrzunehmen, viele Lektionen zu lernen und Verbindungen herzustellen. In der heutigen Zeit ist es fast unmöglich geworden, auf alle Bedeutungen zu achten, doch sollte etwas Ihre Aufmerksamkeit erregen, so können Sie sich dadurch neuen Einsichten und Weisheiten öffnen.

10
Keltische Weisheit für das neue Jahrtausend

Das zunehmende Interesse an keltischer Spiritualität und anderen, stark auf die Natur bezogenen spirituellen Strömungen ist kein Zufall. Es ist ein Ausdruck wachsender Bewusstheit. Die Menschheit verändert sich, wächst und greift auf alte Weisheiten zurück. Das Patriarchat des Fischezeitalters wird vom Wassermannzeitalter abgelöst, einer neuen Ära der Zusammenarbeit und des Verständnisses zwischen Männern und Frauen.
Um das zu gewährleisten, müssen Männer wie Frauen lernen, effektiver miteinander zu kommunizieren. Männer müssen ihre eigene weibliche Seite wiederentdecken, und Frauen müssen ihre Kraft wiedergewinnen, ohne dabei ihre natürliche Sanftheit und Liebesfähigkeit zu verlieren. Viele Männer glauben, dass es sie schwächt, wenn sie sich ihrer weiblichen Seite öffnen. Das Gegenteil ist der Fall. Damit ein Mann wirklich stark und mächtig sein kann, muss er sich im Gleichgewicht befinden, das heißt, das männliche und weibliche Prinzip müssen in Harmonie sein.
Frauen müssen darauf achten, dass ihre aufsteigende Kraft nicht im Gegenzug die Männer dominiert. Es gibt verständlicherweise bei manchen Frauen die Tendenz, sich für die jahrtausendelange Unterdrückung durch die Männer zu rächen. Das führt jedoch zu nichts Gutem und resultiert

aus einer unausgeglichenen Sichtweise. Jede Frau trägt eine große Weisheit in sich, und es ist sinnvoll, dieses Wissen mit den Männern zu teilen.

Männer wie Frauen müssen in sich gehen und lernen, ihr inneres Gleichgewicht wiederherzustellen, wenn sie in Frieden und Harmonie miteinander leben wollen. Wir alle müssen unsere Fehler und Schwächen eingestehen und sie in Weisheit und Stärke verwandeln. Der keltische Weg ist eine Möglichkeit, das zu lernen. Die Natur ist ein großartiger Lehrmeister für diejenigen, die Geduld und Demut aufbringen. Die keltische Weisheit ist kein altertümliches, überholtes Glaubenssystem primitiver Menschen, sondern eine lebendige, beglückende Möglichkeit, seine Umwelt wahrzunehmen und von ihr zu lernen.

Wir sind für alles verantwortlich, was uns zustößt, sei es gut oder schlecht. Sie ziehen in Ihrem Leben nur das an, was Sie zum Lernen brauchen. Alles Negative hat auch eine positive Seite. Ein Kind, das sich die Finger verbrennt, macht eine negative Erfahrung, aber dadurch lernt es, Feuer zu respektieren, und das bewahrt es möglicherweise vor größerem Schaden. Die Negativität der Erfahrung, sich zu verbrennen, wandelt sich dadurch, dass eine wichtige Lektion gelernt wurde, zum Positiven.

Das trifft auf alle Lebensbereiche zu. Je mehr Lektionen Sie lernen, umso weiser werden Sie. Es gibt keine Fehler, nur Lektionen. Ein Mensch, der versucht, keine Fehler zu machen, endet als alter Narr. Ein Mensch, der viele Fehler macht und daraus lernt, wird weise. Die Entscheidung liegt bei Ihnen. Sie können lernen oder unwissend bleiben.

Sie können zwar die Welt nicht verbessern, wohl aber sich selbst, und durch Ihr Beispiel können Sie andere motivieren. Sollten Sie sich in einer unglücklichen Beziehung befinden, dann versuchen Sie nicht, Ihren Partner zu verändern, sondern arbeiten Sie an sich selbst; denn dadurch, dass Sie sich verändern, werden Sie eine Veränderung in den Menschen um Sie herum bewirken.

Leben Sie in der Gegenwart. Die Vergangenheit ist nur eine Erinnerung, die Zukunft nur ein Traum. Eines der Probleme der westlichen Gesellschaft besteht darin, darauf zu beharren, die Zukunft voraussagen zu wollen. Wir vergeuden so viel wertvolle Zeit, indem wir unseren Geist mit zukünftigen Szenarien beschäftigen, obwohl die Zukunft niemals so ist, wie wir sie uns vorstellen. Bleiben Sie in der Gegenwart, und kümmern Sie sich um Ihre täglichen Lektionen; die Zukunft sorgt für sich selbst.

Das heißt nicht, dass Sie sich keine Gedanken um die Zukunft machen sollen. Ganz im Gegenteil; leben Sie ganz in der Gegenwart, entwickeln Sie dabei Wünsche und Visionen, und vertrauen Sie darauf, dass jede Erfahrung und Lektion Sie dem näher bringt, was Sie vom Leben erwarten.

Sie können tun und lassen, was Sie wollen, aber um Ihre Träume zu erfüllen, müssen Sie bereit sein zu arbeiten. Streben Sie nach Weisheit und innerem Gleichgewicht, damit sich der Weg vor Ihnen auftut. Dazu brauchen Sie körperliche, seelische und geistige Gesundheit. Nehmen Sie Lebensmittel zu sich, die Ihren Körper gut nähren. Betrachten Sie sich selbst aufrichtig, und lernen Sie, Ihre negativen Emotionen in positive zu verwandeln. Tun Sie nur, was sich gut und richtig anfühlt, mit Liebe und Respekt für alle Wesen. Streben Sie nach Harmonie und Gleichgewicht, und Sie werden Ihre Träume wahr machen.

Die Kelten wie auch viele Indianer glauben, dass das tatsächliche Leben eine Illusion und Träume die eigentliche Wirklichkeit sind. Wenn Sie sich jedoch in vollkommenem Gleichgewicht befinden, stellen Sie fest, dass Traum und Realität miteinander verschmelzen. Sie finden sich in Ihrer eigenen Wirklichkeit wieder und helfen mit Ihrem Beispiel anderen, sich die ihre zu schaffen.
Der keltische Weg ist nicht einfach. Er ist keine Instant-Lösung für Ihre Probleme, doch er bietet die Möglichkeit, eine andere Sichtweise auszuprobieren, die ein neues Licht auf alte Probleme werfen kann und Ihnen hilft, Ihren eigenen Weg zu deren Lösung zu finden. Die Lösung all Ihrer Probleme liegt tief in Ihrem Inneren. Der keltische Weg kann Ihnen behilflich sein, an dieses verborgene Wissen in Ihrer Seele heranzukommen.
Es wird Zeit, dass die Menschheit sich verändert. Es ist für jeden von uns an der Zeit, sich auf eine ursprüngliche Lebensweise zu besinnen, die Erde als unsere Mutter anzuerkennen und auf sie Acht zu geben. Andernfalls werden wir uns und die gesamte wundervolle Schöpfung, die sich auf diesem Planeten manifestiert hat, ausrotten.
Sollten Sie sich von der keltischen Spiritualität angezogen fühlen, gibt es viele Möglichkeiten, diese zu erforschen. Auf ganz direkte Weise erfahren Sie die Wunder der Schöpfung, wenn Sie im Wald spazieren gehen und mit Tieren, Steinen, Bäumen und Blumen kommunizieren und ihnen zuhören. Es gibt zahlreiche Bücher zu diesem Thema.
Sobald Sie gelernt haben, wie man Verbindungen erkennt, werden Sie überall darauf stoßen. Ich betrachte mich als Kelte und folge dem keltischen Weg, aber manche Verbin-

dung zu meinem inneren Wissen entstand auch durch Gespräche mit orientalischen Meistern, indianischen Medizinmännern, Heilern und nicht zuletzt durch gewöhnliche Menschen. Viele Zusammenhänge haben sich mir durch das Leben in der Natur eröffnet. Meine größten Lehrmeister waren Bäume, Pflanzen, Steine und Tiere. Sie lehren mich weiterhin, und ich bin ihnen unendlich dankbar dafür.

Ich vertraue darauf, dass die Menschen in diesem neuen Jahrtausend immer besser lernen, das Leben zu achten. Mein Beitrag besteht darin, weiter zu lernen, mich zu verändern und Sie darum zu bitten, dasselbe zu tun. Die Welt ist wunderschön, der große Geist kümmert sich um uns und hat uns mit einer wunderbaren Mutter gesegnet. Finden Sie nicht, dass es Zeit ist, uns dafür zu bedanken?

11
Keltische Charaktere aus Mythen und Legenden

Die keltische Literatur ist voller Helden und Heldinnen, Götter und Göttinnen und Wesen aus der Anderswelt. Dieselben Charaktere erscheinen in irischen, walisischen und schottischen Schriften, wenn auch oftmals mit etwas verändertem Namen. Die keltischen Sagen liefern uns reichhaltigen Lernstoff. Hier folgen einige kurze Beschreibungen der Hauptcharaktere als Orientierungshilfe.

Die Götter

Belenus (Bel/Belinus/Belenos/Belimawr)

Wahrscheinlich bedeutete *Belenus* »der Helle«. Dieser Gott war für das Wohlergehen des Landes zuständig. Ihm zu Ehren fand das Beltane-Fest statt. Er wurde in allen keltischen Ländern verehrt, wie erhalten gebliebene Widmungen beweisen.

Bran (Brennus)

Bran ist das keltische Wort für »Rabe«. Im *Mabinogion* wird er als König von England beschrieben. Er war ein mächtiger Mann, der für seine prophetischen Kräfte bekannt war. Als er tödlich verwundet wurde, bat er darum, dass man ihm den Kopf abschlage. Sein Kopf sprach mit allen und verkündete Prophezeiungen. Er war als »Gott der Barden und Dichter« bekannt.

Cernunnos (Cernowain, Herne der Jäger)

Er war der »Herr der Tiere«, ursprünglich der »gehörnte Gott«. Er ist auf dem Kessel von Gundestrup dargestellt, in einer Art Lotossitz, mit einem Hirschgeweih auf dem Kopf, einem gedrehten Stab in seiner rechten und einer Schlange mit Widderhörnern in seiner linken Hand. Er wird häufig langhaarig mit Bart und umgeben von wilden Tieren dargestellt. Die christliche Kirche bekämpfte seine Darstellung unerbittlich und machte ihn schließlich zum Symbol des Antichristen, des Teufels.

Dagda

Dagda (»guter Gott«) wurde auch *Eochaid Ollathair* »Eochaid, der Allvater«) und *In Ruad Ro-Fhessa* (»Der Rote/Mächtige großer Weisheit«) genannt. Er war einer der Führer der mythologischen Wesen des alten Irland, der *Tuatha Dé Danann*, und es wurden ihm viele Kräfte zugesprochen. Er besaß einen Kessel, der nie leer wurde, Obstbäume, die immer Früchte trugen, und zwei Eber, einen lebendigen und einen weiteren, der fortwährend an einem Spieß geröstet wurde. Weiterhin besaß er eine Harfe, die sich selbst spielte, um die Jahreszeiten zu rufen, und eine magische Keule, die nicht nur töten, sondern auch zum Leben erwecken konnte.

Don

Don war der Anführer der Kinder von Don, welche die Kraft des Lichts besaßen. In der keltischen Mythologie liegen sie ständig im Kampf mit den Kindern von Llyr, die über die Kraft der Dunkelheit verfügten. Unter Dons Kindern befand sich der Krieger *Gwydion*, der ein Meister der Musik, Dichtkunst und Magie war.

Esus
Esus bedeutet »Herr« oder »Meister«. Ein Relief aus der Kathedrale von Notre-Dame in Paris stellt ihn als Holzfäller dar, der Weiden fällt. Andernorts ist er in Begleitung eines heiligen Stiers und von Kranichen und Silberreihern abgebildet.

Goibniu (Gofannon/Govannon)
Einer aus der Serie der »Schmiede-Götter«. Zusammen mit einem Arbeiter namens *Luchta* und einem Metallarbeiter namens *Creidhe* stellte er außergewöhnlich wirkungsvolle Waffen her. Er war für seine Heilkräfte wie für seine Geschicklichkeit bekannt. Im Zuge der Christianisierung wurde er zu *Gobban* der Schreiner, der viele Kirchen errichtete.

Llyr (Lear/Lir)
Der Vater der Kinder von *Llyr* galt als der »Gott der Unterwelt«. Manchmal war er auch der »Gott des Meeres«.

Lugh (Lugus/Lug/Llew/Lleu)
Lugh heißt »Licht«. Dieser mächtige Gott wird am Lughnasad-Fest geehrt. Er war Schuster, Maurer, Schmied, Druide und Dichter. Laut der irischen Mythen war *Lug Lamfot*a (»Lug mit dem langen Arm«) der einzige Überlebende von Drillingen, die alle den gleichen Namen trugen. Es gibt

sogar eine Widmung für *Lugoues*, der Mehrzahl von Lug. In den walisischen Mythen war *Lleu Llaw Gyffes* (»Lleu mit der geschickten Hand«) der Sohn der jungfräulichen Göttin *Arianrhod* (»Silberrad«), die ihn in dem Augenblick gebar, als der Zauberer *Math* ihre Jungfräulichkeit mittels eines Zauberstabs testete. Ihr Sohn wurde daraufhin zu seinem Onkel Gwydion gebracht, der später aus Blumen eine Frau für ihn erschuf. Sie hieß *Blodeuwedd* (»Blumengesicht«). Der Sage nach wurde sie in eine Eule verwandelt, nachdem sie Ehebruch begangen und Lleus Tod geplant hatte.

Manannán mac Lir

Er war der irische Meeresgott, von dessen Namen die *Isle of Man* abgeleitet wurde. Er trug eine undurchdringliche Rüstung und ein mächtiges Schwert und fuhr mit einem prächtigen Triumphwagen über die Wellen. Er besaß magische Schweine, die immer wieder zum Leben erwachten, sobald sie getötet wurden, und deren Fleisch denjenigen, die davon aßen, Unsterblichkeit verlieh.

Ogma (Ogmios/Oghma)

Ogma war ein Kriegsgott, dessen Leidenschaft für das Kämpfen so groß war, dass er von seinen Gefährten bis zum geeigneten Zeitpunkt in Ketten gehalten wurde. Er besiegte die Tuatha, und einer seiner Söhne, *Cairpre*, wurde der Barde der Tuatha. Ogma war der Gott der Redekunst, und man sprach ihm die Erfindung des Ogham-Alphabets zu.

Sucellus

Sucellus war der Gott des Schutzes und der Vorsorge. Er wird oft mit einem Holzhammer in der Hand (Schutz) und einem Trinkgefäß in der anderen (Vorsorge) dargestellt und von einem Hund begleitet.

Taranis
Taranis (»Donnerer«) ist ein Donnergott, als Attribute waren ihm ein Rad und ein Blitz zugeordnet. Manchmal wird er auch auf dem Körper einer Schlange reitend dargestellt.

Teutates (Toutates)
Teutates (»Gott des Volkes«) war einer der legendären Eroberer Irlands, ein mächtiger Gott mit vielen übernatürlichen Eigenschaften.

Die Göttinnen

Arianrhod
Arianrhod (»Silberrad«) war die Vollmondgöttin und die Besitzerin des »Silberrads der Sterne«, Symbol für das Rad des Lebens.

Brighid (Brigit/Brigid/Brig/Brigantia)
Brighid (»die Hohe«) war die Göttin der Künste, des Handwerks, der Weissagung und Prophezeiung. Sie wurde auch als dreigestaltige Göttin dargestellt, ihre beiden Schwestern wurden mit Heilkraft und Schmiedekunst assoziiert. Sie wird am Imbolc-Fest geehrt.

Cerridwen
Cerridwen war eine Zauberin, die in ihrem »Kessel der

Weisheit« einen Zaubertrank zubereitete, der ihrem hässlichen Sohn *Avagdu* großes Wissen verleihen sollte. Sie trug einem Jungen, *Gwion Bach*, auf, das Gebräu umzurühren. Versehentlich spritzte etwas von der Mixtur auf seinen Finger, und er saugte daran, um das Brennen zu lindern. Sofort wurde er von dem Wissen durchdrungen, das Cerridwens Sohn bestimmt gewesen war. Daraufhin fand eine wilde Jagd statt, während der Cerridwen wie auch Gwion ihre Gestalt veränderten. Zum Schluss verwandelte sich Gwion in ein Sandkorn und wurde von Cerridwen in der Gestalt eines Huhns aufgefressen. Neun Monate später wurde er als Taliesin wiedergeboren.

Epona
Siehe *Rhiannon*

Macha
Sie war eine wilde Kriegsgöttin. *Macha* ist auch unter dem Namen *Dana* und *Badb* bekannt. Sie wurde auch mit der Göttin der Schlachten und des Todes, der dreigestaltigen Morrigan, die häufig ihre Gestalt wandelte, in Verbindung gebracht.

Medb (Medhbh)
Medb (»trunkene Frau«) war die legendäre Königin von Connaught in Irland. Sie war eine wilde Kriegsgöttin, die persönlich in Schlachten kämpfte, anstatt nur von ihren magischen Kräften Gebrauch zu machen. Sie wird auch als sexuell unersättlich beschrieben. Die Liste ihrer männlichen Eroberungen ist ebenso lang wie die Reihe ihrer Kriegsopfer. Sie wird häufig mit einem Eichhörnchen auf

der einen und einem Vogel auf der anderen Schulter dargestellt.

Rhiannon (Epona)

Rhiannon war die walisische Pferdegöttin, die eine schnelle weiße Stute ritt und mit Vögeln sprechen konnte. Ihre gallische Entsprechung hieß *Epona*.

Weitere keltische Charaktere

Artus (Arthur)

Er war der legendäre König von *Albion*. Die Legenden um Artus sind tief in der keltischen Mythologie verwurzelt. Seine Heldentaten mit *Merlin* und die Suche nach dem Heiligen Gral stammen aus früheren keltischen Geschichten.

Der Grüne Mann

Häufig als Mann mit einem Eichenblatt-Gesicht dargestellt, war der *Grüne Mann* die wohl älteste Manifestation des »gehörnten Gottes«. Er war der Hüter der Bäume und aller Lebewesen.

Merlin (Merddin/Myrddin)

Merlin war der berühmteste aller Zauberer und wurde als Druide, Zauberer, wilder Mann der Wälder und Meister der hohen Magie beschrieben.

Taliesin

Taliesin ist der berümteste aller Barden. Er war als »Ober-

Barde des Westens« und für die Kunst, die Gestalt zu wandeln, bekannt (siehe *Cerridwen*).

Die Anderswelt

In der keltischen Literatur gibt es zahlreiche Hinweise auf eine jenseitige Welt mit ihren diversen Bewohnern, bekannt als Anderswelt. Diese Welt scheint parallel zu unserer physischen Welt zu existieren. Für die Bewohner der Anderswelt ist es ein Leichtes, zwischen den Welten zu wandeln, während es für gewöhnliche Sterbliche schwierig ist, einen sicheren Zugang zur Anderswelt zu finden. Es gibt viele Geschichten über Sterbliche, die zwar geheime Eingänge in die jenseitige Welt fanden, aber nicht mehr in die physische Welt zurückkehren konnten. Die Bewohner der Anderswelt erscheinen in den verschiedensten Gestalten und Größen. Im Folgenden werden einige der bekanntesten Figuren vorgestellt.

Banshee (Bean-Sidhe)
Eine irische weibliche Gestalt, die mit bestimmten Familien verbunden war und einen ächzenden Schrei ausstieß, wenn eines der Familienmitglieder im Sterben lag.

Brownie (Bwca/Bwbachod/Bodach/Pixie/Fonodoree)
Ein braunhäutiges, strubbelhaariges, braun gewandetes, etwa ein Meter großes Wesen, das Sterblichen half und Arbeiten rund ums Haus erledigte, während die Eigentümer schliefen.

Caoineag
Die schottische Version der irischen Banshee.

Coblynau
Ein etwa fünfzig Zentimeter großer walisischer Minengeist, von dem es hieß, er klopfe dort, wo kostbares Metall zu finden ist.

Daoine Sidhe
Der irische Name für die Bewohner der Anderswelt.

Dryads
Baumgeister, die von den Druiden zur Inspiration angerufen wurden.

Elfen
Ein grün gekleidetes Volk, das Jagen und Reiten liebt.

Gnome
Auch »Elementarwesen der Erde« genannt; diese unterirdischen Wesen bewachen alle Schätze der Erde.

Meerwesen
Seejungfrauen sowie männliche Wasserbewohner mit menschlichen Oberkörpern und Fischschwänzen.

Anhang

1. Tabelle der Entsprechungen zum Ogham-Alphabet

Buchstabe	Name	Baum	Vogel	Farbe	Ursprüngliche Bedeutung	Bedeutung im Orakel
B	Beth	Birke	Fasan	weiß	Erneuerung	Initiation
L	Luis	Eberesche	Ente	grau	Flamme	Ausdruck
F	Fearn	Erle	Möwe	karmesinrot	Blut	Standhaftigkeit
S	Saille	Weide	Falke	feuerrot	Harmonie	Inspiration
N	Nion	Esche	Schnepfe	klar	Wiedergeburt	Stärke
H	Huath	Weißdorn	Nebelkrähe	stechend	Sexualität	Schutz
D	Duir	Eiche	Zaunkönig	schwarz	Tür	Mut
T	Tinne	Stechpalme	Star	dunkelgrau	Vaterschaft	Einfallsreichtum
C	Coll	Haselnussstrauch	Kranich	braun	Weisheit	Weisheit
Q	Quert	Apfelbaum	Henne	mausgrau	Wiedergeburt	Liebe
M	Muin	Brombeerstrauch	Meise	bunt	Versammlung	Lektion
G	Gort	Efeu	Höckerschwan	blau	Seltenheit	Demut
Ng	Ngetal	Schilf	Gans	grün	Schutz	Schicksal
St	Straif	Schwarzdorn	Drossel	hell	Autorität	Unglück
R	Ruis	Holunder	Saatkrähe	blutrot	Unendlichkeit	Tod
A	Ailm	Ulme	Kiebitz	scheckig	Heilung	Hinauswachsen
O	Onn	Stechginster	Kormoran	graubraun	Fruchtbarkeit	Hoffnung
U	Ur	Heidekraut	Lerche	harzig	Glück	Perspektive
E	Eadha	Espe	Singschwan	rot	Bewahrer vor dem Tod	Macht
I	Iubhar	Eibe	junger Adler	weiß	Wiedergeburt	Transformation

156

2. Tabelle der Entsprechungen zu den vier Elementen

	Erde	Luft	Feuer	Wasser
Richtung	Norden	Osten	Süden	Westen
Symbol	▽	△	△	▽
Farbe	schwarz	gelb	weiß	rot
Jahreszeit	Winter	Frühling	Sommer	Herbst
Tageszeit	Nacht	Morgendämmerung	Mittag	Sonnenuntergang
Kraft	Weisheit	Erleuchtung	Schicksal	Gleichgewicht
Bewegung	abwärts	einwärts	auswärts	aufwärts
Organ	Nieren	Lunge	Leber	Herz
Positive Emotion	schützende Angst	Urteilskraft	Motivation	Freude
Negative Emotion	hemmende Angst	Bewertung	Zorn	Depression
Manifestationsebene	physisch	psychosomatisch	energetisch	biochemisch
Zeit im Alltag	Arbeit	Sozialkontakt	Alleinsein	Heim
Mentale Kraft	Wahrnehmung	Denken	Intuition	Fühlen
Alternative Behandlung der Schwäche	Massage und Physiotherapie	Beratung	Heilarbeit oder Akupunktur	Ernährung und Kräuter
Symbolischer Gegenstand	Salz	Räucherwerk	Kerze	Wasser